Guia de controle de parasitas internos em animais domésticos

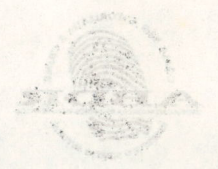

A Editora Nobel tem como objetivo publicar obras com qualidade editorial e gráfica, consistência de informações, confiabilidade de tradução, clareza de texto, impressão, acabamento e papel adequados.

Para que você, nosso leitor, possa expressar suas sugestões, dúvidas, críticas e eventuais reclamações, a Nobel mantém aberto um canal de comunicação.

Entre em contato com:
CENTRAL NOBEL DE ATENDIMENTO AO CONSUMIDOR
Fone: (011) 876-2822 —— ramais 259 e 262 — Fax: (011) 876-6988
End.: Rua da Balsa, 559 — São Paulo — CEP 02910-000
e-mail: ednobel@nutecnet.com.br
Internet: www.livrarianobel.com.br

Ivo Kohek Jr.

Guia de controle de PARASITAS INTERNOS em animais domésticos

- principais parasitas e seus efeitos sobre o organismo dos animais
- drogas mais utilizadas
- épocas e formas de tratamento

©1998 de Ivo Kohek Jr.

Direitos desta edição reservados à
Livraria Nobel S.A.
Rua da Balsa, 559 – 02910-000 – São Paulo, SP
Fone: (011) 876-2822 – Fax: (011) 876-6988
e-mail: ednobel@nutecnet.com.br

Coordenação editorial: Mirna Gleich
Assistência editorial: Maria Elisa Bifano
Revisão: Ana Luiza França e Maria Aparecida Amaral
Produção gráfica: Mirian Cunha
Capa: César Landucci
Composição: Polis

Impressão: **Editora Parma Ltda.**

Dados Internacionais de Catalogação na Publicação (CIP)
(Câmara Brasileira do Livro, SP, Brasil)

Kohek Jr., Ivo
 Guia de controle de parasitas internos em animais domésticos / Ivo Kohek Jr. — São Paulo : Nobel, 1998.

 Bibliografia.
 ISBN 85-213-0985-6

 1. Animais domésticos 2. Animais domésticos – Doenças 3. Parasitos – Animais domésticos
 I. Título.

97-4850
CDD-636.089696

Índices para catálogo sistemático:
1. Doenças parasíticas : Controle : Medicina veterinária   636.089696

É PROIBIDA A REPRODUÇÃO
Nenhuma parte desta obra poderá ser reproduzida, copiada, transcrita ou mesmo transmitida por meios eletrônicos ou gravações, sem a permissão, por escrito, do editor. Os infratores serão punidos pela Lei nº 5.988, de 14 de dezembro de 1973, artigos 122-130.

Impresso no Brasil/*Printed in Brazil*

Este livro é dedicado a

Bia e Gabriela

Agradecimento:

Agradeço ao amigo L.C. Tayarol Martin

pelo incentivo e apoio

na realização deste trabalho.

Apresentação

Discorrer sobre as principais helmintíases dos animais domésticos, enfocando os parasitas sob uma multiplicidade de aspectos, certamente é uma tarefa árdua, se levarmos em conta o grande elenco de helmintos que parasitam cada espécie animal. Assim sendo, o autor, para desincumbir-se de sua missão, utilizou-se de recurso, a nosso ver, mais didático e mais prático, ao discorrer sobre o tema proposto de maneira singela, porém objetiva. O presente guia contém em seu texto informações relevantes a respeito do controle dos parasitas internos de importância econômico-sanitária para o Brasil. Trata-se, antes de mais nada, de um instrumento de consulta e de esclarecimento do pecuarista, criador e do veterinário em sua luta diária contra as parasitoses que afetam o nosso plantel.

Marcelo de Campos Pereira
Prof. Assist. Dr. do
Depto. de Parasitologia do ICB/USP

Sumário

Introdução, 11

Os parasitas e seu ciclo de vida, 13
    Conceito de parasitismo, 13
    Conceito de hospedeiro, 14
    Ciclo de vida, 14
    Nematódeos, 17
    Cestódeos, 19
    Trematódeos, 21
    Desenvolvimento interrompido da larva ou hipobiose, 22
    Larvas de vermes no pasto, 23
    Efeitos patogênicos do parasita, 25

Diagnóstico do parasitismo interno, 27

Tipos de tratamentos anti-helmínticos, 36
    Via oral, 36
    Via injetável, 39
    Via intra-ruminal, 40
    Via transcutânea, 46
    Cuidados importantes, 46

Anti-helmínticos mais utilizados em animais domésticos no Brasil, 49
    Benzimidazóis, 50
        Albendazole, 52
        Fenbendazole, 53
        Mebendazole, 54

    Oxifendazole, 54
    Oxibendazole, 55
    Febantel, 55
    Ricobendazole, 56
    Triclabendazole, 56
Imidazotiazóis, 56
    Tetramisol, 57
    Levamisol, 58
    Pamoato de Pirantel, 59
Piperazina, 59
Organofosforados, 60
Praziquantel, 61
Closantel, 61
Disofenol, 62
Niclosamida, 62
Nitroscanato, 63
Avermectinas, 63
    Ivermectina, 64
    Abamectina, 65
    Doramectina, 65
Milbemicina, 66

Espécies animais e seu tratamento, 67
    Manejo, 68
    Ruminantes, 69
        Gado de corte criado extensivamente, 69
        Confinamento, 80
        Gado leiteiro, 81
        Ovinos, 82
        Caprinos, 85
    Eqüinos, 86
    Suínos, 91
    Cães e gatos, 94

Bibliografia consultada, 105

Introdução

Os parasitas internos são constantemente encontrados nos animais domésticos e devem ser bem controlados para não afetar a produção de carne, leite e lã, e manter a saúde dos animais de estimação.

A presença desses parasitas no hospedeiro determina uma menor utilização dos nutrientes encontrados nos alimentos, decorrendo daí menor ganho de peso, desenvolvimento retardado e menor produtividade. Além disso, alguns parasitas causam danos internos que levam ao aparecimento de infecções bacterianas secundárias, as quais posteriormente desencadeiam doenças como pneumonias, gastrites e enterites. Todos esses efeitos podem ocorrer sem que o animal apresente sintomas prévios de parasitismo.

É praticamente impossível eliminar os parasitas por completo, mas programas de controle devem ser traçados a fim de reduzir os níveis de parasitismo ao mínimo, e não prejudicar a produtividade.

O primeiro passo a se tomar deve ser a prevenção, pois, se detectado o parasitismo, o tratamento pode custar caro e, muitas vezes, não surtir efeito. A terapia com uso de drogas é essencial no controle de infecções parasitárias internas; entretanto, ela deve ser integrada a um bom programa nutricional e de manejo: dietas adequadas, boa mineralização, alojamentos limpos, controles sanitários, rotações e lotações de pastagens.

Para ser ainda mais eficaz, a medicação em animais de rebanhos, dirigidos à produção, deve ser realizada em épocas estratégicas a fim de coincidir com as épocas de maior suscetibilidade dos parasitas, de acordo com a epidemiologia em cada região.

Como veterinários, zootecnistas e criadores, é nosso o dever de manter os animais livres de doenças, não somente para aumentar a produtividade e os ganhos, mas também para manter nossos animais de estimação saudáveis e dignos de uma boa e saudável estadia entre nós.

O objetivo deste trabalho é informar aos técnicos, proprietários e criadores o melhor meio de controlar os principais parasitas internos dos nossos animais domésticos.

Os principais parasitas internos, seus efeitos no organismo animal e as drogas mais utilizadas no Brasil para o seu controle serão discutidos neste guia. Os dados aqui apresentados provêm da experiência de campo do autor e da condensação de trabalhos realizados por vários pesquisadores nacionais e internacionais ligados à parasitologia veterinária.

Os parasitas e seu ciclo de vida

Os parasitas internos ou vermes interferem na assimilação dos nutrientes ingeridos pelos animais, danificando a mucosa gastrointestinal, órgãos, dilacerando os tecidos e alimentando-se de sangue e do próprio conteúdo gastrointestinal. Um animal parasitado não assimila aquilo que come e conseqüentemente não se desenvolve normalmente. Minerais, vitaminas, proteínas e alimentos energéticos são desviados da rota normal de assimilação, levando a uma perda de peso e promovendo retardo no desenvolvimento.

A seguir, vamos rever alguns conceitos básicos de parasitologia, úteis para a elaboração deste guia.

Conceito de parasitismo

É uma associação desarmônica em que um organismo vive às custas de outro, espoliando-o e eventualmente provocando-lhe a morte.

Seu objetivo é alimentar-se às custas do seu hospedeiro, levando este a perder peso e conseqüentemente ter seu desenvolvimento e produtividade prejudicados.

O parasita não objetiva, com os danos que causa ao seu hospedeiro, provocar-lhe a morte. Se assim o fizesse, estaria eliminando o seu "modo de vida". A morte da vítima (hospedeiro) é um acidente nada interessante para o parasita.

Conceito de hospedeiro

É o nome genérico do organismo que é parasitado.

Chama-se de hospedeiro definitivo o animal que alberga o parasita em sua forma adulta e no qual ele atinge a maturidade sexual.

Hospedeiro intermediário é o animal que alberga formas intermediárias ou larvárias do parasita e no qual ele não atinge a maturidade sexual.

Ciclo de vida

O ciclo de vida de um verme compreende um período de *vida livre*, em que o verme vive no ambiente na forma de ovo depois transformado em larva; e outro período — de *vida parasitária* — em que a larva, já nessa fase chamada de infectante, alcança o interior do organismo animal e ali perpetua sua espécie.

Para que ocorra eclosão do ovo no ambiente, os parasitas necessitam de um clima quente e úmido.

As larvas infectantes não estão homogeneamente espalhadas pelo solo. Elas ficam mais concentradas perto dos bolos fecais, distanciando-se até uns 15 centímetros destes, podendo subir até 20 centímetros na haste do capim, à espera do hospedeiro.

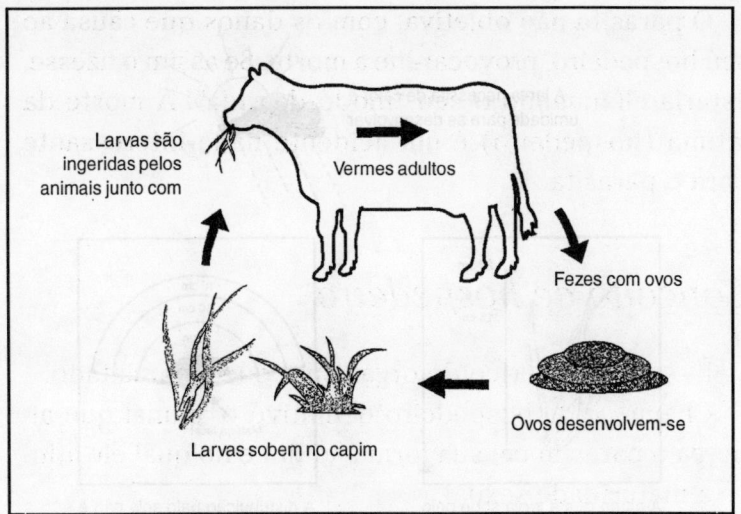

Fig. 1 — Ciclo de vida dos vermes.

De toda uma população de vermes que parasitam os animais domésticos, apenas 5% estão dentro dos animais, mais precisamente no seu trato gastrointestinal, pulmonar e migrando pelos órgãos; 95% deles estão no solo, em forma de larvas, prontos para atacar.

Os 5% que estão dentro dos animais são as larvas infectantes, os vermes adultos e os ovos resultantes da sua reprodução. Os ovos são expulsos para o solo, por meio da defecação, e eclodem, transformando-se em larvas. Para isso, a umidade e a temperatura ambiente são importantes, pois a eclosão dos ovos depende do calor e de um ambiente úmido. Isso explica porque nas épocas de maior quantidade de chuvas e calor (verão) a concentração de larvas no pasto e nos solos é maior e as infecções maiores, ao contrário da época seca (inverno), em que há poucas larvas no pasto e maior concentração de vermes dentro dos animais.

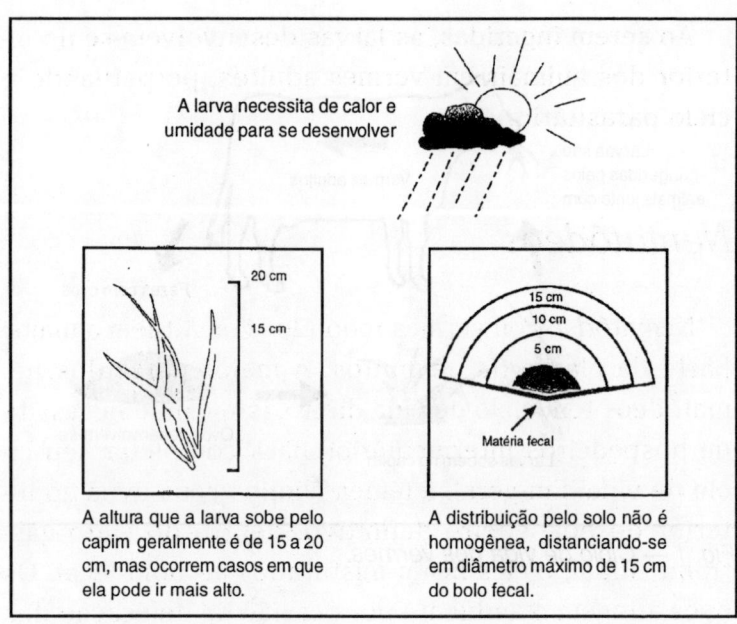

Fig. 2 — Dinâmica da larva.

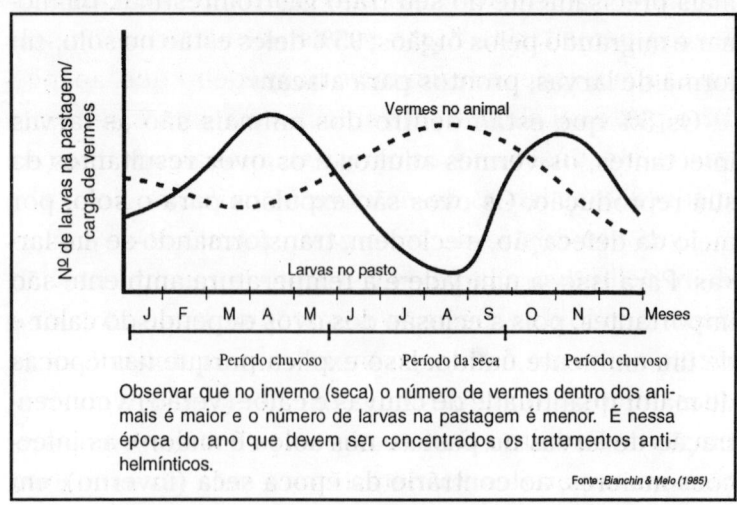

Fig. 3 — Relação entre a variação mensal do número de larvas na pastagem e a carga de vermes nos animais.

Ao serem ingeridas, as larvas desenvolvem-se no interior dos animais em vermes adultos, perpetuando o ciclo parasitário.

Nematódeos

Nematódeos ou vermes redondos constituem a maior parte da classe de helmintos. A maior parte dos nematódeos tem ciclo de vida direto, isto é, não necessita de hospedeiros intermediários para completar seu ciclo de vida. Em geral, a fêmea elimina seus ovos no interior do hospedeiro definitivo, dentro do trato gastrointestinal, e eles ficam misturados ao bolo fecal. Os ovos atingem o ambiente por ocasião da defecação dos animais e, em alguns dias, em condições ideais de temperatura e de umidade, se transformam em larvas infectantes (estágio larval do verme que provoca a infecção parasitária). Essas larvas permanecem no solo ou capim à espera de um novo hospedeiro que, ao ingerir o pasto ou alimento do solo, levará para o seu trato gastrointestinal os novos parasitas; após alguns dias (em média 28), as larvas desenvolverão um novo ciclo.

Uma vez dentro do trato gastrointestinal do hospedeiro definitivo, a larva do verme pode seguir duas vias, dependendo da espécie do nematódeo. Umas alojam-se diretamente no estômago ou intestinos, fixando-se às suas mucosas onde permanecem até se desenvolverem em vermes adultos. Outras migram pelo organismo, atravessam as paredes dos intestinos e pela via sangüínea passam por vários órgãos até chegarem aos pulmões. Dos pulmões seguem para a laringe e, ao serem degluti-

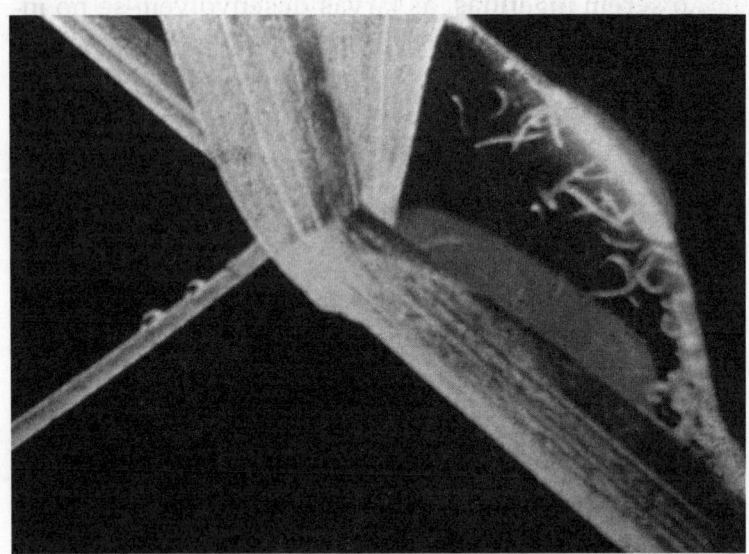

Foto 1 — Fotografia de uma gota de orvalho no capim com várias larvas de vermes à espera de um hospedeiro.

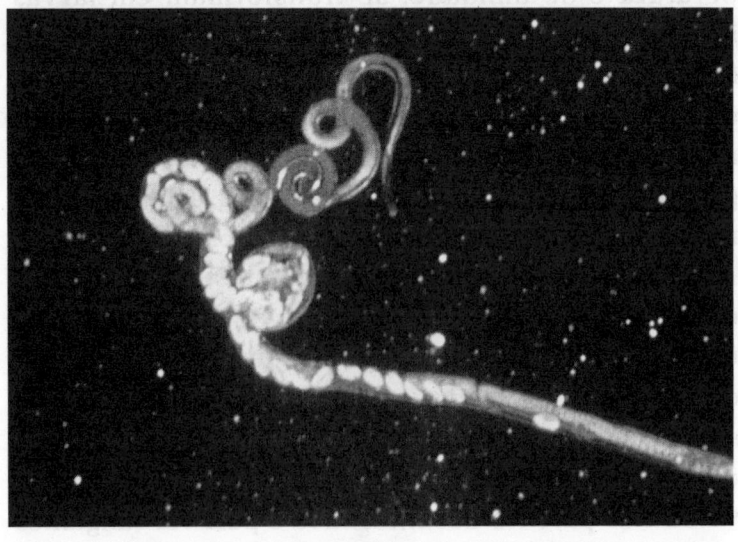

Foto 2 — Fotografia de um verme (nematódeo) repleto de ovos.

das, fixam-se nas mucosas do trato gastrointestinal onde permanecem como vermes adultos. Algumas dessas larvas migratórias podem atravessar a placenta, indo infectar o feto e também passar para a glândula mamária, sendo transmitidas aos filhotes pela amamentação. Em algumas espécies de vermes as larvas penetram no organismo do hospedeiro através da pele das patas e após passarem para a corrente sangüínea seguem o trajeto pulmonar, fixando-se posteriormente no trato gastrointestinal.

Essas formas de contágios explicam como alguns animais jovens que ainda não se alimentam sozinhos podem ser parasitados.

Cestódeos

Os cestódeos ou vermes em forma de fita (tênias) possuem um ciclo de vida indireto, isto é, requerem um hospedeiro intermediário para se desenvolverem e depois parasitarem o hospedeiro definitivo. Seus ovos também são expelidos ao exterior pelas fezes do animal parasitado e no ambiente esses ovos são ingeridos por insetos ou ácaros presentes no solo. Dentro dos insetos ou dos ácaros, os ovos se transformam em larvas infectantes que são ingeridas pelo hospedeiro definitivo juntamente com os insetos ou ácaros. Algumas semanas depois (6 semanas em média), um novo ciclo é desenvolvido.

Na forma larval, algumas tênias do homem parasitam hospedeiros intermediários, como é o caso dos *Cysticercus spp.* em bovinos, ovinos, suínos e o próprio homem.

Foto 3 — Haemonchus spp *recolhidos de abomaso, após necropsia de ovinos.*

Foto 4 — *Tênias recolhidas após necropsia de ovinos.*

Trematódeos

Os trematódeos ou vermes em forma de folha (como *Fasciola hepatica*) também possuem ciclo de vida indireto. O animal parasitado expele ovos do parasita nas fezes e destes emergem pequenas larvas que penetram em caramujos encontrados em águas represadas ou córregos. No interior dos caramujos formam-se novas pequenas larvas que, ao abandoná-los, fixam-se às plantas aquáticas esperando que algum animal as ingira ao pastar. No período de 2 a 3 meses desenvolve-se um novo ciclo.

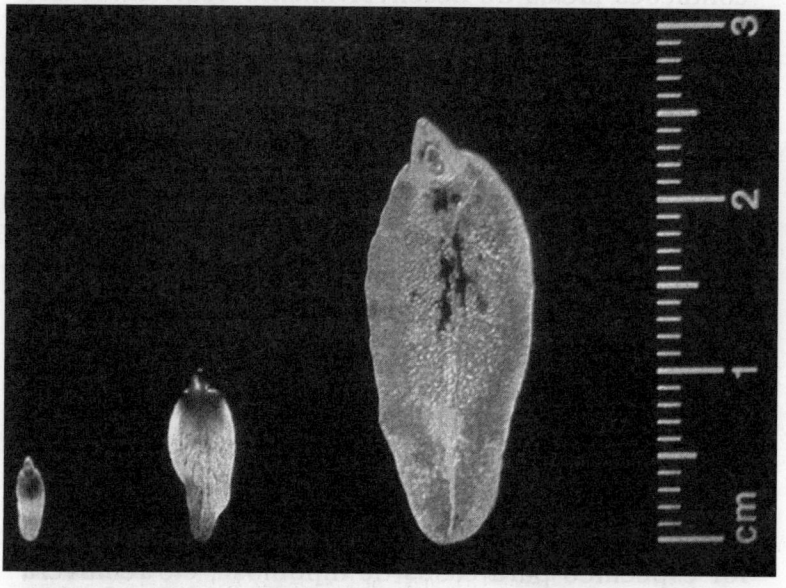

Foto 5 — Fasciola hepatica *em diferentes estágios de desenvolvimento (de jovem a adulta).*

Desenvolvimento interrompido da larva ou hipobiose

As diferentes espécies de parasitas têm diferentes períodos de desenvolvimento. Os ovos de nematódeos, por exemplo, levam de 10 a 60 dias para perfazerem o ciclo completo de desenvolvimento. Alguns nematódeos podem prolongar esse período, interrompendo seu desenvolvimento temporariamente. Tais parasitas, em vez de seguirem seu ciclo normal na mucosa gastrointestinal do hospedeiro, penetram na parede do tubo digestivo e lá permanecem em estado de "hibernação" até que as condições ideais de desenvolvimento ocorram. A isto chamamos de *hipobiose* do parasita ou metabolismo retardado. Uma das principais causas desse fenômeno são as condições climáticas.

Por instinto natural os parasitas recorrem à essa prática quando o clima externo não se apresenta favorável ao desenvolvimento ou quando há excesso de parasitas adultos no trato gastrointestinal. Uma parte dos parasitas entra em estado de hipobiose ou hibernação, esperando melhores oportunidades de sobrevivência.

Nessa fase nem todo anti-helmíntico administrado surtirá efeito, pois algumas drogas não têm poder de se manter na circulação sangüínea tempo suficiente para atingir essas larvas. Se um determinado vermífugo não for específico para casos de hipobiose, ele removerá somente os vermes adultos. As larvas inibidas sobreviverão ao tratamento e, encontrando o trato gastrointestinal vazio à sua inteira disposição, retomarão imediatamente o ciclo normal de desenvolvimento.

A hipobiose ocorre nos estados do Sul do Brasil com o parasita *Ostertagia spp.*, nematódeo responsável por grandes perdas econômicas na pecuária em regiões de clima temperado.

Larvas de vermes no pasto

Como praticamente toda infecção por vermes se origina no solo, é a ele que devemos dirigir nossa estratégia de controle: o esforço no combate à verminose deve começar pela prevenção da contaminação do solo.

Como diz o parasitologista Schröeder (1981) em um de seus trabalhos, "o método mais eficiente de vermifugação é o que mantém as pastagens livres de contaminação por períodos mais prolongados".

Os ovos dos vermes presentes no conteúdo intestinal têm duas origens:

a) ovos provenientes de posturas naturais dos parasitas;
b) ovos liberados devido à morte e decomposição dos parasitas fêmeas pela ação de drogas anti-helmínticas *não ovicidas*, ou seja, drogas que não matam os ovos dos vermes, deixando-os inteiros e viáveis, aumentando significativamente sua quantidade no conteúdo intestinal, imediatamente após um tratamento. Essa maior quantidade de ovos é então liberada com as fezes, aproximadamente 4 horas após o tratamento, infestando ainda mais o solo.

Como diminuir essa grande carga parasitária que se encontra na pastagem? Devem-se utilizar anti-helmínticos de largo espectro e de *tríplice ação,* ou seja, drogas que matam vermes na forma de *adultos, larvas* e seus *ovos* e adotar um manejo correto, como rotações de pastagens, evitar lotações excessivas e, principalmente, tomar cuidados especiais na aquisição de novos animais, como veremos mais adiante.

Entre os anti-helmínticos mais conhecidos e utilizados na pecuária brasileira, o albendazole, fenbendazole, oxifendazole, oxibendazole e mebendazole são de tríplice ação, ou seja, eficazes contra vermes adultos, larvas e ovos. Levamisol, tetramisol, ivermectina, abamectina, doramectina, moxidectina e closantel, embora excelentes, não têm poder ovicida.

Estudos epidemiológicos dos principais helmintos de ruminantes e estratégias de tratamento são realizados constantemente por renomados pesquisadores na área da parasitologia em diversas regiões brasileiras. As épocas estratégicas de vermifugações, amplamente divulgadas, variam de uma região para outra, mas em geral é consenso que as melhores épocas de tratamento ocorrem no período seco do ano, ou seja, na entrada da seca, durante a seca e entrada das águas, épocas de maior incidência de parasitas dentro do trato gastrointestinal dos ruminantes. Tratamentos estratégicos em outras épocas que não as indicadas pelos pesquisadores como sendo as melhores ao controle da verminose resultam em despesas e manejos desnecessários e sem benefícios ao animal e ao criador.

A erradicação dos vermes de uma propriedade é praticamente impossível, mas pode-se levar a verminose a níveis significativamente mais baixos, seguindo-se um esquema de vermifugação estudado e divulgado pelos pesquisadores. Ao longo deste guia, veremos detalhadamente como seguir um bom controle parasitário interno em cada categoria e espécie animal.

É uma tarefa fácil de ser realizada e divulgada entre criadores.

Efeitos patogênicos do parasita

Uma vez dentro do hospedeiro, o parasita inicia sua ação espoliadora causando sérios danos à saúde do animal. A maioria dos parasitas mais comuns em nosso meio destrói a mucosa do trato gastrointestinal. Fixam-se à mucosa, dilacerando o epitélio e conseqüentemente interferindo nas funções digestivas do animal, promo-

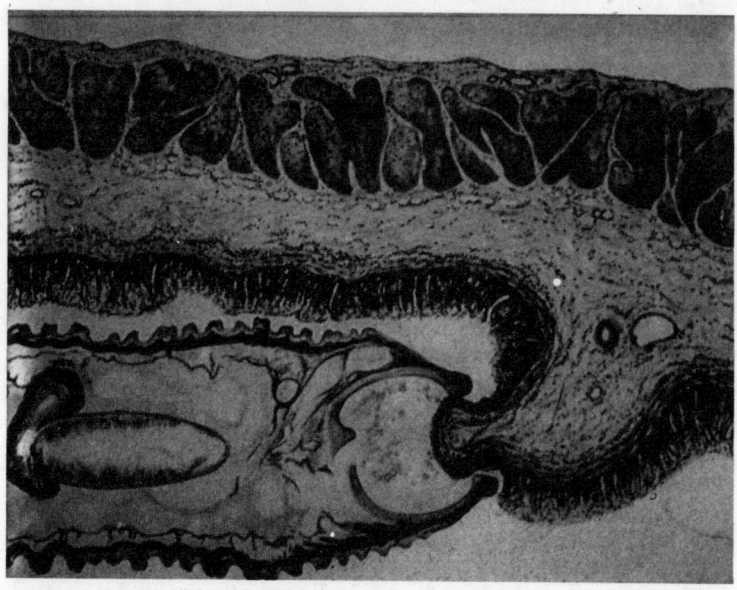

Foto 6 — Microfotografia de um verme se alimentando da mucosa gastrointestinal do hospedeiro.

vendo utilização deficiente dos nutrientes. Outros parasitas são vorazes sugadores de sangue e provocam séria anemia no hospedeiro. Muitas larvas em desenvolvimento migram dos intestinos para outros tecidos, provocando maiores danos que o próprio parasita adulto quando no intestino. Os vermes pulmonares traumatizam os pulmões, podendo causar bronquites e pneumonias. Os vermes do fígado, na sua fase larval ou jovem, traumatizam o parênquima hepático, causando fibrose e até cirrose.

Todas essas parasitoses predispõem o hospedeiro a infecções bacterianas secundárias. Entretanto, é importante lembrar que os danos causados pelos parasitas, na maioria dos casos, são de sintomas subclínicos, ou seja, não produzem efeitos aparentes nos animais. O que realmente se percebe é a baixa produtividade do animal, refletida no baixo retorno econômico e, nos animais de estimação, um desenvolvimento corporal retardado e prejudicado.

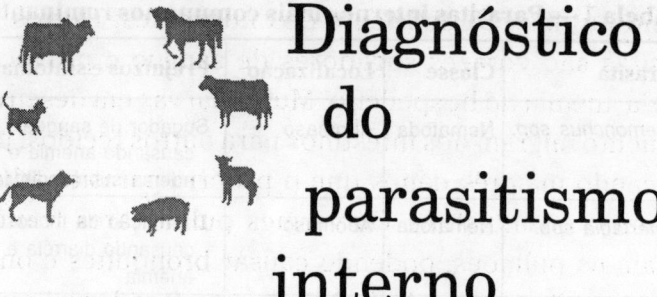

Diagnóstico do parasitismo interno

Nas tabelas 1, 2, 3 e 4 podemos verificar os principais parasitas internos de ruminantes, eqüinos, suínos, cães e gatos, as diversas maneiras pelas quais eles prejudicam o

Foto 7 — Animais magros, com diarréia, demonstrando sintomas de verminose.

Tabela 1 — Parasitas internos mais comuns nos ruminantes

Parasita	Classe	Localização	Prejuízos e sintomas
Haemonchus spp.	Nematoda	Abomaso	Sugador de sangue, causando anemia e edema submandibular
Ostertagia spp.	Nematoda	Abomaso	Destruição da mucosa, causando diarréia e anemia
Trichostrongylus axei	Nematoda	Abomaso	Destruição da mucosa, causando diarréia
Trichostrongylus columbriformis	Nematoda	Intestino delgado	Destruição de mucosas, causando diarréia, anorexia e emagrecimento
Strongyloides papillosus	Nematoda	Intestino delgado	Penetração através da pele e ciclo pulmonar, causando dermatites e pneumonias
Cooperia spp.	Nematoda	Intestino delgado	Destruição da mucosa, causando diarréia, enterites e anorexia
Bunostomum spp.	Nematoda	Intestino delgado	Penetração através da pele, causando dermatites, diarréia e perda de peso
Moniezia spp.	Cestoda	Intestino delgado	Enterites, obstruções intestinais e perda de peso
Trichuris spp.	Nematoda	Ceco e cólon	Enterra-se na mucosa, é sugador de sangue e provoca anemia
Oesophagostomum spp.	Nematoda	Ceco e cólon	Produz nódulos na mucosa, anorexia e diarréia
Dictiocaulus spp.	Nematoda	Pulmões	Bronquite, enfisema, pneumonia e tosse
Fasciola hepatica	Trematoda	Ductos biliares/fígado	Traumatismo hepático, obstruções e anemia

Tabela 2 — Parasitas internos mais comuns nos eqüinos

Parasita	Classe	Localização	Prejuízos e sintomas
Parascaris equorum	Nematoda	Intestino delgado	Obstruções, rupturas, faz ciclo pulmonar, diarréias e tosse
Oxyuris equi	Nematoda	Cólon maior/ menor	Coceira anal e inquietação
Strongyloides westeri	Nematoda	Intestino delgado	Erosões na mucosa, enterites e diarréias
Strongylus vulgaris, S.edentatus e S.equinus	Nematoda	Adultos no ceco e cólon	Sugadores de sangue, úlceras nas mucosas, embolias, aneurismas, anemias, leucocitose e diarréias
Cyathostominae	Nematoda	Cólon maior e ceco	Nódulos na mucosa, anemias, fezes pretas e moles
Habronema spp.	Nematoda	Estômago e derme	Tumores no estômago, derme e gastrite
Anoplocephala spp.	Cestoda	Intestino delgado e ceco	Obstrução/ulceração da válvula ileocecal
Gasterophilus spp.	Insecta	Estômago	Gastrite e úlcera

Tabela 3 — Parasitas internos mais comuns nos suínos

Parasita	Classe	Localização	Prejuízos e sintomas
Hyostrongylus rubidus	Nematoda	Estômago	Gastrite, úlcera, anemia e fezes com sangue
Ascaris suum	Nematoda	Intestino delgado	Larva passa pelo fígado, provocando lesões hepáticas e obstrução intestinal
Strongyloides ransomi	Nematoda	Intestino delgado	Larva penetra pela pele, provoca dermatites e enterite
Trichuris suis	Nematoda	Ceco	Enterra-se na mucosa, provoca diarréias e anorexia
Oesophagostomum spp.	Nematoda	Intestino grosso	Nódulos na mucosa, anemia, enterite e diarréia
Stephanurus dentatus	Nematoda	Rim	Obstrução e destruição dos ureteres
Metastrongylus spp.	Nematoda	Traquéia e Pulmão	Obstrução, apnéia, tosse e pneumonia

funcionamento do trato digestivo e pulmonar do hospedeiro e os sintomas apresentados pelo animal parasitado.

Existem dois objetivos no diagnóstico do parasitismo interno:

1. Identificar o organismo causador do distúrbio orgânico do hospedeiro;
2. Estimar a intensidade da infecção.

Isso se obtém com o histórico clínico ou anamnese dos animais afetados, diagnósticos clínicos, exames

Tabela 4 — Parasitas internos mais comuns nos cães e gatos

Parasita	Classe	Localização	Prejuízos e sintomas
Toxocara canis	Nematoda	Intestino delgado	Emagrecimento, vômito, diarréia, abdome dilatado e pêlo sem brilho
Toxascaris leonina	Nematoda	Intestino delgado	Emagrecimento, vômito, diarréia, abdome dilatado e pêlo sem brilho
Ancylostoma caninum	Nematoda	Intestino delgado	Apatia, emagrecimento, anemia, enterite e fezes sanguinolentas com muco
Trichuris vulpis	Nematoda	Intestino grosso	Quase sem sintomas e sem prejuízos
Dipylidium caninum	Cestoda	Intestino delgado	Pêlo sem brilho, emagrecimento, prurido anal, anemia, enterite e proglotes nas fezes
Echinococcus granulosus	Cestoda	Intestino delgado	Pêlo sem brilho, emagrecimento, prurido anal, anemia, enterite e proglotes nas fezes
Multiceps multiceps	Cestoda	Intestino delgado	Pêlo sem brilho, emagrecimento, prurido anal, anemia, enterite e proglotes nas fezes
Taenia hydatigena e *Taenia pisiformis*	Cestoda	Intestino delgado	Pêlo sem brilho, emagrecimento, prurido anal, anemia, enterite e proglotes nas fezes

laboratoriais, entre eles o exame de fezes, e também com achados de necropsia (em casos de rebanhos).

No exame clínico detectam-se sintomas de emagrecimento, diarréia, pêlo sem brilho, anemia e baixa produtividade.

Com o auxílio de um médico veterinário faz-se o exame de fezes. Esse exame faz a contagem de ovos de vermes (OPG ou ovos por grama de fezes), possibilitando detectar o parasitismo. São utilizadas técnicas específicas: retirando-se uma pequena quantidade de fezes diretamente do reto dos animais e com uma lâmina de microscópio própria e um microscópio procede-se à contagem de ovos de helmintos. O resultado determina o grau de parasitismo.

Foto 8 — Transmissão da verminose de mãe para filho pela amamentação.

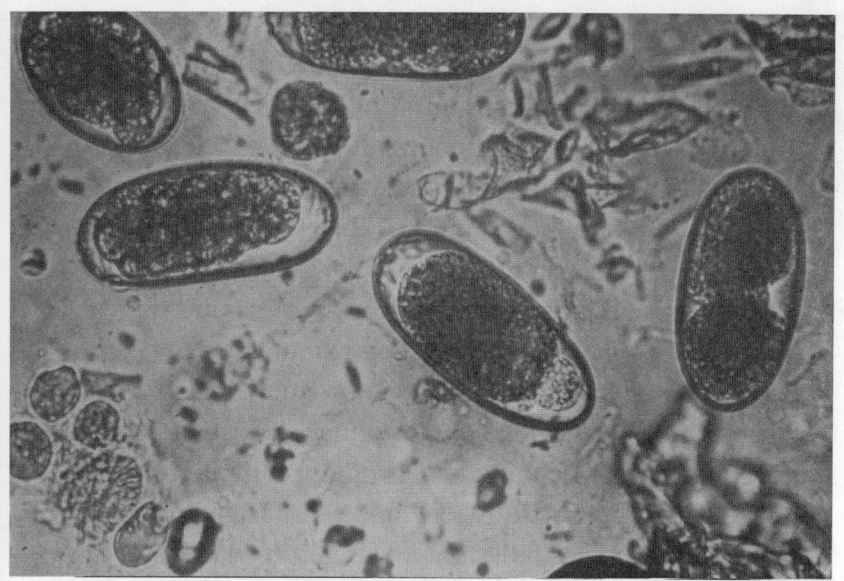

Foto 9 — Visualização de ovos de nematódeos em exame de fezes.

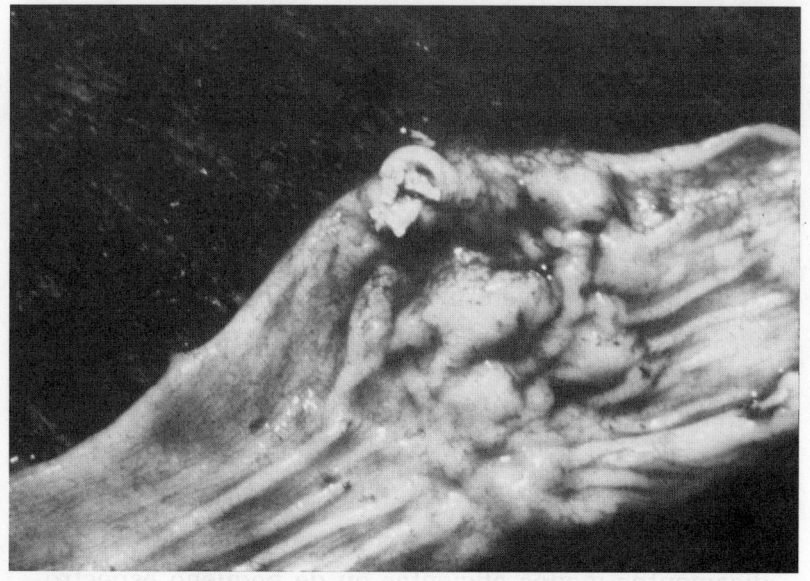

Foto 10 — Lesão na mucosa do intestino grosso de ruminante, provocada pelo nematódeo Oesophagostomum spp.

Infelizmente não há meios de se identificar todos os gêneros e espécies de vermes pela simples visualização dos ovos através de um microscópio, pois eles são, na sua maioria, semelhantes entre si. No entanto, alguns vermes possuem ovos muito característicos, não havendo necessidade de outros meios de diagnóstico.

No caso de exames microscópicos em que os ovos de várias espécies são muito semelhantes entre si, utiliza-se a técnica da Cultura de Fezes, que consiste em se reproduzir em laboratório (em estufas) o desenvolvimento do parasita tal qual ocorreria naturalmente no ambiente. Esse processo dura, em média, uma semana e, uma vez desenvolvidas as larvas pela cultura das fezes, faz-se a identificação do verme por intermédio de lupas. Por ser especializado, esse serviço deve ser prestado por médicos veterinários.

Ao se realizar uma necropsia, a visualização dos vermes fica mais fácil, bem como os danos por eles causados. Como, porém, existem entre os vermes alguns muito pequenos que não são visíveis a olho nu na necropsia, não se pode descartar a infecção por vermes quando não forem encontrados vestígios de parasitas. A presença de um médico veterinário também é imprescindível nesses casos, porque são necessárias técnicas especiais de diagnóstico realizadas com o conteúdo intestinal obtido na necropsia.

Uma vez identificada a parasitose, o tratamento fica mais fácil, pois a receita do anti-helmíntico pode ser mais específica, evitando-se gastos desnecessários com medicamentos menos eficientes ou de pequeno espectro de ação. Entretanto, não é nada conveniente esperar que os sintomas de verminose sejam clinicamente diagnosticados, pois isso significa que o parasitismo já está instalado há algum tempo e os danos no desenvolvimento e saúde do animal poderão ser irreversíveis.

Atualmente, na pecuária, preconizam-se tratamentos estratégicos (preventivos) no combate às verminoses para que o proprietário ou criador não acabe gastando muito em tratamentos desnecessários, além de correr o risco de obter um baixo retorno financeiro, desequilibrando a relação custo-benefício de sua criação.

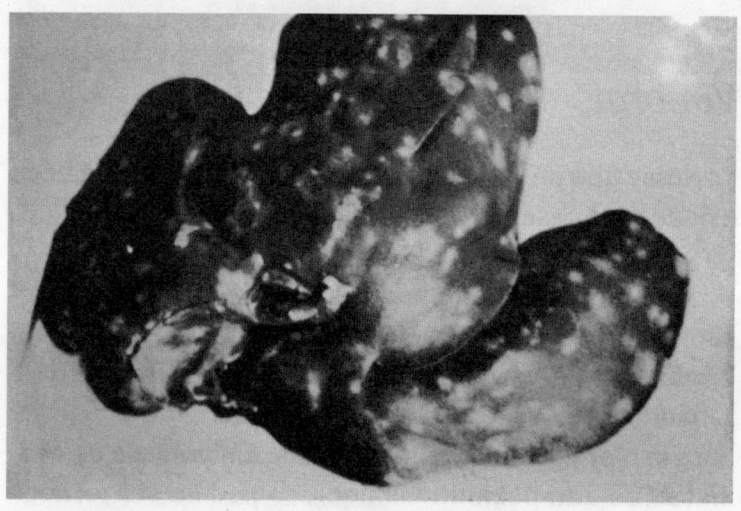

Foto 11 — *Manchas brancas em fígado de suíno, provocadas pela migração de* Ascaris spp.

Tipos de tratamentos anti-helmínticos

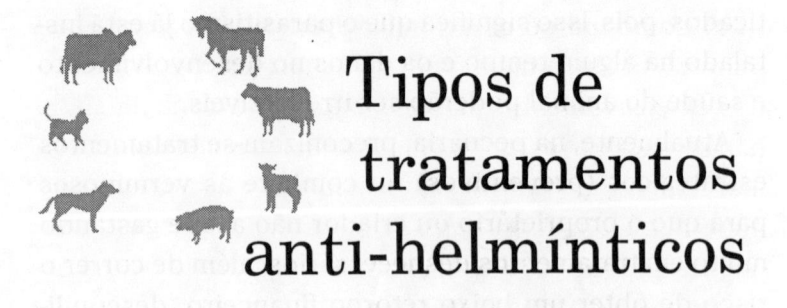

Via oral

Nesse tipo de tratamento a droga é fornecida pela boca e pode se apresentar de diversas formas:

a) Como um líquido na forma de suspensão ou solução. É fornecido por meio de pistolas dosadoras calibradas para doses contínuas e individuais, no caso de rebanhos, e por meio de colheres ou seringas especiais para uso oral, em casos individuais. Em animais de estimação os anti-helmínticos líquidos podem ser fornecidos em tigelas com um pouco de leite açucarado ou pó de chocolate para aguçar o sabor. Dessa maneira, quando o animal ingerir todo o preparado, temos certeza de que foi corretamente vermifugado.

b) Como comprimidos. São mais utilizados em animais de estimação. Os comprimidos podem ser administrados diretamente na boca, perto da garganta ou envolvendo-se o comprimido em um pedaço de carne ou colocado dentro de um doce. O animal engole sem que se faça muito esforço, garantindo um bom tratamento.

c) Como um pó ou granulado, misturado à ração ou mineral ou ainda dissolvido na água. Para bovinos criados extensivamente, em que o manejo se torna difícil ou não se quer estressar os animais, já existem no mercado anti-helmínticos para serem adicionados ao alimento, ao mineral ou à água. O animal ingere a quantidade de alimento ou água ideal à sua manutenção diária e ao mesmo tempo controla a verminose.

Em eqüinos, quando o anti-helmíntico é preparado a partir de um pó dissolvido em água, a maneira mais usual de se administrar o produto é pela sonda naso-esofágica.

d) Na forma de bloco alimentar, em que uma determinada quantidade de droga anti-helmíntica é misturada ao

Foto 12 — Administração oral de anti-helmíntico em bovinos. Podem ser utilizadas pistolas com ponteiras curtas ou com ganchos longos para facilitar o manejo.

Foto 13 — Ovino sendo tratado com anti-helmíntico oral.

sal comum ou a uma composição alimentar qualquer. Esse material é prensado, formando um bloco resistente que é fornecido aos animais para ser lambido. Dessa maneira o animal se autodosifica.

Nos casos em que se fornece anti-helmíntico para livre consumo dos animais, deve-se ter o cuidado especial com subdoses, principalmente no caso dos mais fracos e jovens que não têm acesso fácil ao alimento tratado e não se saem bem na competição com os animais mais fortes.

e) Na forma de bolus, um dispositivo na forma de cápsula, composto de uma droga anti-helmíntica e colocado diretamente no rúmen dos bovinos, através da boca. Esse dispositivo permanece no rúmen por um período relativamente longo e libera gradativamente a droga anti-helmíntica.

f) Na forma de pasta, comum para eqüinos. O produto vem em seringas prontas para uso e se regula o anel do êmbolo de acordo com o peso do animal. Uma vez regulada a seringa, a pasta anti-helmíntica é injetada dentro da boca e facilmente deglutida.

Via injetável

Esse tipo de tratamento usa seringas ou pistolas dosadoras que veiculam o produto pela via intramuscular ou subcutânea. É realizado utilizando-se somente drogas formuladas para a forma injetável. Isso é óbvio, mas muitos criadores, mal informados ou por motivos de "econo-

Foto 14 — Tratamento com anti-helmíntico injetável em bovinos. A via mais aconselhável é a subcutânea.

mia", utilizam nos seus animais drogas parasiticidas vendidas para a agricultura. Mal sabem o risco que correm: produtos utilizados na agricultura são formulados para pulverização; portanto, não passam por um cuidadoso e estéril processo de fabricação como um produto injetável para animais. Os veículos e diluentes também são diferentes para cada categoria de produto. Os danos que uma irresponsabilidade dessas pode causar aos animais são grandes e muito maiores ainda para nós, consumidores dessa carne ou leite.

Não podemos esquecer que atrás de cada uma das caixas de produtos veterinários encontradas nas prateleiras de revendas e farmácias veterinárias existe um trabalho longo de pesquisa e desenvolvimento, realizado por técnicos graduados que, assim como a empresa que os fabrica, garantem os seus produtos.

Via intra-ruminal

Esse tipo de dosificação é específico para ruminantes, especialmente bovinos. Devido a uma característica fisiológica do sistema gástrico dos ruminantes em relação à deglutição de líquidos, algumas drogas orais na forma líquida têm sua ação anti-helmíntica aumentada quando se utiliza a via intra-ruminal. Essa forma de administração faz com que o produto oral se torne "injetável".

A droga é injetada dentro do rúmen, através de uma seringa dosadora com uma agulha longa, especial para essa finalidade.

Nesses animais, qualquer medicamento que se administre pela via oral tende a passar pelo rúmen para daí ir em direção aos outros três compartimentos estomacais: retículo, omaso e abomaso (último compartimento e chamado de estômago verdadeiro). Entretanto, alguns líquidos podem passar diretamente ao abomaso, sem passar pelo rúmen e isso se deve a um reflexo do esôfago que ocorre no momento da deglutição, chamado de "reflexo da goteira esofagiana".

Essa goteira serve como conduto de líquidos para o abomaso. Trata-se de um sulco com dois lábios longitudinais proveniente do esôfago que, ao fechar suas paredes, forma um tubo que se estende até o abomaso, permitindo, dessa maneira, a passagem direta dos líquidos ao verdadeiro estômago, sem que haja passagem pelo rúmen. Seu fechamento é desencadeado pela deglutição de líquidos. Esse mecanismo é mais desenvolvido no bezerro na fase da amamentação, pois o leite deve ir diretamente ao abomaso, sem passar pelo rúmen, para ser digerido e assimilado.

Anti-helmínticos orais à base de benzimidazóis devem passar primeiramente pelo rúmen para que possam lentamente seguir em direção ao abomaso. É preciso que sejam assimilados lentamente pela corrente sangüínea para proporcionar maior tempo de permanência da droga nos níveis sangüíneos ideais para a sua função. Tais drogas, se atingissem diretamente o abomaso, seriam rapidamente absorvidas pela corrente sangüínea e também rapidamente metabolizadas pelo organismo sem terem tempo de exercer sua função anti-helmíntica.

Para que o reflexo da goteira esofagiana não seja estimulado e provoque a passagem direta de um medicamento líquido ao abomaso, basta que a dose total de um vermífugo seja dada de uma só vez, sem dar duas "gatilhadas" com a pistola dosadora. Dessa maneira, o produto irá direto para o rúmen. Se a dose fosse dada em duas gatilhadas, com o primeiro acionamento do gatilho e a conseqüente deglutição do produto ocorreria o fechamento da goteira esofagiana, e automaticamente a segunda dose passaria diretamente ao abomaso. Nesse caso, a primeira dose iria para o rúmen e a segunda, para o abomaso, ficando o animal subdosificado. Por isso, para administrações orais, quanto mais concentrado for o produto, menor a dose a ser administrada, pois a dosificação exigirá apenas um acionamento do gatilho, conduzindo o produto diretamente ao rúmen.

Em 85% dos casos *não* ocorre o fechamento da goteira esofagiana, isto é, os medicamentos caem primeiramente no rúmen para depois passarem ao abomaso, mas nos outros 15% podem ocorrer falhas nos tratamentos anti-helmínticos. Essa porcentagem de falhas é alta quando se lida com rebanhos tratados e isso já justifica o uso da via intra-ruminal. Falha no tratamento anti-helmíntico significa maior número de ovos no pasto.

Ainda em relação a esse tipo de tratamento, cabe um comentário sobre as drogas anti-helmínticas utilizadas (mais adiante será dada uma breve descrição sobre as principais características de cada droga utilizada no Brasil, independentemente da via de administração).

Após a descoberta do tiabendazole na década de 60, primeiro anti-helmíntico benzimidazólico oral, surgiram várias outras drogas similares pertencentes ao mesmo grupo e de excelente eficácia contra os parasitas internos. A principal característica desse grupo de anti-helmínticos é sua tríplice ação, ou seja, agem muito bem sobre vermes adultos, formas larvais (inclusive as hipobióticas) e ovos dos vermes.

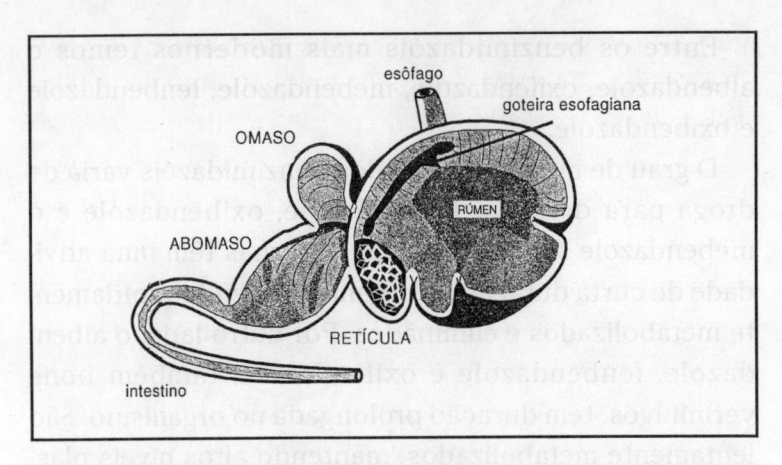

Fig. 4 — Os quatro compartimentos estomacais dos ruminantes e a goteira esofagiana. Observar que se trata de um sulco que une o esôfago ao abomaso, não permitindo, às vezes, a passagem de líquidos pelo rúmen.

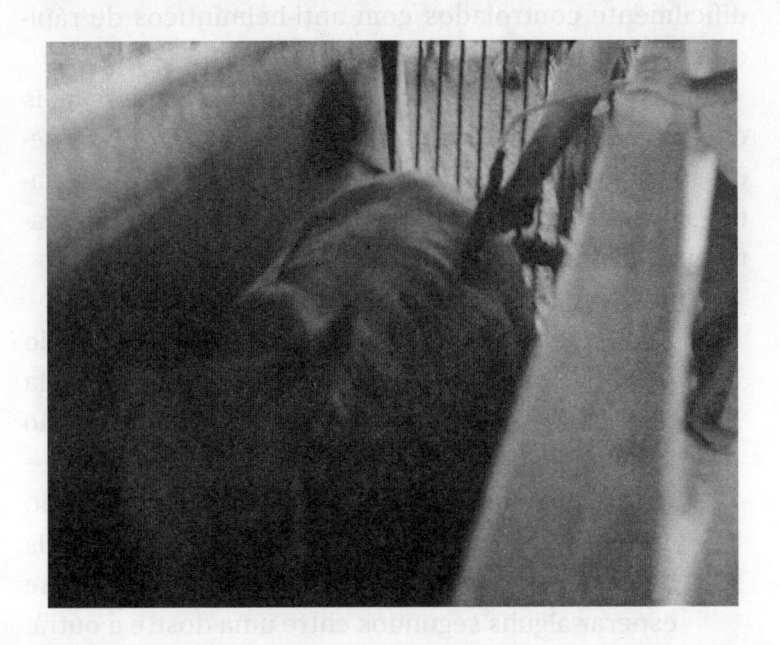

Foto 15 — Tratamento anti-helmíntico em bovinos pela via intraruminal.

Entre os benzimidazóis mais modernos temos o albendazole, oxifendazole, mebendazole, fenbendazole e oxibendazole.

O grau de metabolização dos benzimidazóis varia de droga para droga. O tiabendazole, oxibendazole e o mebendazole são bons vermífugos, mas têm uma atividade de curta duração no organismo, sendo rapidamente metabolizados e eliminados. Por outro lado, o albendazole, fenbendazole e oxifendazole, também bons vermífugos, têm duração prolongada no organismo. São lentamente metabolizados, mantendo altos níveis plasmáticos durante prolongado período de tempo. Isso permite-lhes atuar por mais tempo sobre vermes adultos, larvas e principalmente sobre larvas hipobióticas e ovos, dificilmente controlados com anti-helmínticos de rápido metabolismo.

Para que essas drogas possam atuar de maneira mais eficaz ainda e mais prolongada sobre os vermes, é necessário que elas sejam lentamente absorvidas pelo trato gastrointestinal do ruminante. Por isso, a forma intraruminal é a mais aconselhada.

É preciso observar ainda o seguinte:
- Ao se utilizar a via oral, evitar a administração do produto em 2 ou mais gatilhadas com a pistola dosadora. Nesse caso, produtos concentrados são mais indicados, pois se podem dar doses únicas e em pequenos volumes. Agora, se for necessário administrar doses em grandes volumes, com mais de um acionamento do gatilho do dosador, deve-se esperar alguns segundos entre uma dose e a outra, para que o animal se recupere da primeira deglutição. Assim haverá tempo para que a goteira

Fig. 5 — Diferenças no tamanho do rúmen comparado ao abomaso nas várias etapas de desenvolvimento do bovino.

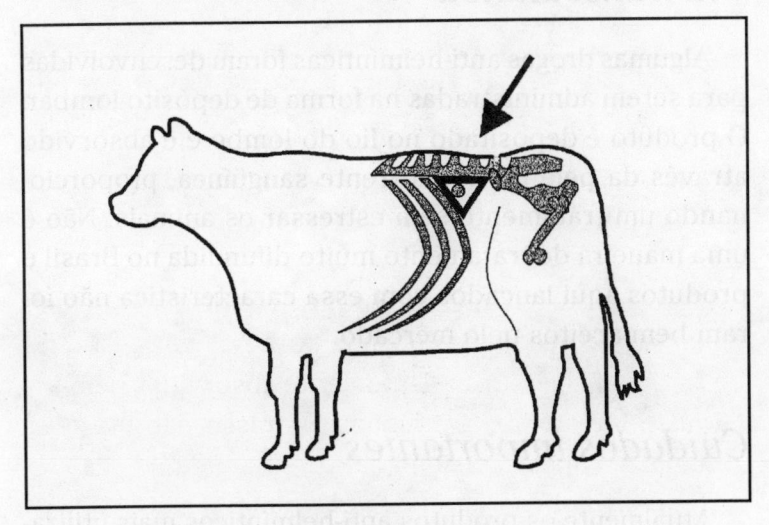

Fig. 6 — Local de administração de vermífugo intra-ruminal.

esofagiana relaxe e a segunda dose possa ir também para o rúmen.
- Ao se utilizar a via intra-ruminal, não esquecer que o bovino jovem, não desmamado, abaixo de 150 kg de peso corporal, ainda não tem o rúmen completamente desenvolvido. Assim, há grande chance de se injetar a droga fora do rúmen, provocando

uma peritonite, muitas vezes fatal. (Não é aconselhável usar esta via em animais gestantes.)

Nunca esquecer que o acesso ao rúmen situa-se no lado esquerdo do animal e o local mais apropriado para se administrar um anti-helmíntico intra-ruminal é no "vazio".

Via transcutânea

Algumas drogas anti-helmínticas foram desenvolvidas para serem administradas na forma de depósito lombar. O produto é depositado no fio do lombo e é absorvido através da pele para a corrente sangüínea, proporcionando um tratamento sem estressar os animais. Não é uma maneira de tratamento muito difundida no Brasil e produtos aqui lançados com essa característica não foram bem aceitos pelo mercado.

Cuidados importantes

Atualmente os produtos anti-helmínticos mais utilizados no mercado brasileiro são produzidos com drogas seguras; entretanto, devem-se respeitar as doses recomendadas. Dificilmente intoxica-se um animal com uma dose terapêutica de um vermífugo, como ocorria décadas atrás. As margens de segurança são bastante amplas; porém, se as doses forem ultrapassadas, casos isolados de intoxicações podem ocorrer. Nesse sentido, todo cuidado deve ser observado em relação a tratamentos de rebanhos. Agrupamentos de diferentes pesos e categorias animais requerem dosagens anti-helmínticas diferenciadas, pois é comum calibrar as pistolas dosadoras para os animais de maior peso e utilizar a mesma dosagem em animais menores. Nesse caso pode ocorrer de se ministrar em terneiros (bezerros) de 100 ou 200 kg doses para animais de 400 kg a 500 kg. Em tratamentos individualizados ou unitários, como em eqüinos e animais de estimação, o cuidado com as doses administradas deve ser mais exato, impedindo a intoxicação.

Muitas reações adversas observadas em bovinos (como inquietação, pulos, corridas descontroladas) logo após um tratamento anti-helmíntico são decorrentes do estresse ao qual o animal é submetido e não reação ao produto administrado. O estresse decorrente do manejo provoca liberação de adrenalina e, se ela não for metabolizada pelo organismo, sintomas de excitação serão observados.

Entre os fatores de manejo que podem desencadear o estresse temos: a simples movimentação dos animais, injeções, dosificações orais, pulverizações, castrações, etc. A adrenalina liberada decorrente do estresse pode ser metabolizada com dificuldade quando o animal apresentar comprometimento hepático — o que pode ocorrer após a ingestão de substâncias tóxicas (ex. plantas tóxicas). Geralmente, diante de um quadro desses, costuma-se culpar a droga que foi utilizada, mas a causa pode ser outra. Muitas vezes, em casos de aparente intoxicação, logo após a administração de um anti-helmíntico injetável, recorremos à injeção de água destilada em um ou mais animais do lote afetado e conseguimos provocar a mesma sintomatologia de excitação observada quando usada a droga, sem que tenha ocorrido intoxicação do animal. Nesses casos o que ocorreu foi excitação por manejo.

Outro fator que predispõe os animais a reações adversas no momento da vermifugação é o cansaço; por isso, os animais devem ser tratados descansados e evitando-se o sol a pique.

Geralmente, as injeções são as que mais desencadeiam sintomas de excitação, pela própria agulhada; entretanto, drogas como o levamisol e o tetramisol têm como característica provocar sintomas passageiros de excitação, salivação excessiva e corridas descontroladas, mas sem oferecer risco aos animais.

Uma droga anti-helmíntica, antes de ser lançada no mercado mundial, passa por rigorosos estudos, tanto em relação à eficácia como em relação aos efeitos tóxicos que pode causar aos animais. Muito tempo e verba são gastos com esses estudos e os produtos só são lançados quando o fabricante tem a certeza de estar comercializando uma droga segura. Pode-se confiar naquilo que é indicado nas bulas de vermífugos de empresas idôneas e, principalmente, devem-se seguir as doses recomendadas.

Embora os modernos anti-helmínticos sejam seguros quanto a toxicidade, inclusive em fêmeas gestantes, devem ser evitados no primeiro terço de gestação, tal qual ocorre em humanos. Em épocas de reprodução devem ser administrados antes do acasalamento, 30 a 40 dias antes do parto ou após o parto, mas nunca no início da gestação.

Anti-helmínticos mais utilizados em animais domésticos no Brasil

Houve, nos últimos anos, uma revolução no desenvolvimento de drogas anti-helmínticas. O resultado foi a obtenção de produtos de amplo espectro de ação e de baixa toxicidade para os animais. Nunca tivemos tão ampla variedade de vermífugos à nossa disposição no mercado como hoje, mas adquiri-los, e não saber como utilizá-los, de nada adianta.

O objetivo deste guia é mostrar àqueles que criam animais ou cuidam deles quais as melhores drogas anti-helmínticas existentes no nosso mercado e quando utilizá-las para que o tratamento seja eficiente e, ao mesmo tempo, econômico.

É bom lembrar novamente que, mesmo que a droga parasiticida utilizada seja das mais seguras e recomendadas para fêmeas gestantes, *o uso de anti-helmínticos deve ser evitado no primeiro terço da gestação*. A maioria das drogas anti-helmínticas é segura quando utilizada durante a gestação, nas doses preconizadas pelos fabricantes, mas não se pode confiar na exatidão das dosificações feitas a campo. Nessa ocasião, animais de vários pesos são vermifugados ao mesmo tempo, sem que as pistolas dosadoras sejam corretamente calibradas para cada peso. O tratamento deve ser realizado antes da cobertura ou no final da gestação; no entanto, qualquer manejo realizado muito perto do parto pode ser perigoso para os dois, mãe e filhote.

A seguir apresentaremos uma breve descrição das drogas mais utilizadas no Brasil, bem como a espécie animal para a qual se destinam. Mais adiante, exporemos o uso racional dessas drogas, de acordo com as espécies animais a serem tratadas.

Alertamos para eventuais discordâncias de dados referentes às características de determinadas drogas. Isso pode decorrer de dados conflitantes nas diversas literaturas consultadas.

Benzimidazóis

As drogas pertencentes a esse grupo interferem com os processos energéticos do metabolismo do parasita. Elas inibem o transporte da glicose e levam o parasita à morte por inanição, esgotando suas reservas energéticas. Algumas drogas são utilizadas somente pela via oral; outras, além da via oral, são utilizadas pela via intra-ruminal (como já foi visto), e outras ainda, pela via injetável, tendo chegado ao mercado mais recentemente. Sua ação dentro do organismo tem duração de aproximadamente 48 h, sendo quase que completamente eliminadas após esse período. Apresentam ótima eficácia sobre os principais parasitas internos dos ruminantes, tendo ação sobre as formas adultas, larvares, hipobióticas e especialmente sobre os ovos dos vermes, sendo, até o momento, as únicas com característica ovicida. Sua ação estende-se também aos cestódeos (tênias), e o albendazole (ver adiante) tem ação também sobre a *Fasciola hepatica* (trematódeo*)*. Sem dúvida, essas drogas são as mais completas e seguras no controle das verminoses.

A característica de um anti-helmíntico ser ovicida é muito importante no tratamento estratégico ou preventivo da verminose.

Em um experimento realizado com a finalidade de comprovar o efeito ovicida dos benzimidazóis, concluiu-se que estes são 100% eficazes em inviabilizar ovos de nematódeos. Isto pode ser observado na tabela a seguir, em que um lote de animais foi tratado com uma droga benzimidazólica, sendo que antes do tratamento o resultado do exame de fezes (OPG) era de 14 mil ovos. Oito horas depois, o número de ovos havia subido para 20 mil, o que é normal ocorrer porque o produto mata as fêmeas cheias de ovos e, elas, ao se desintegrarem, liberam os ovos junto com as fezes. Entretanto, 8 horas mais tarde, verificou-se que apenas 66 ovos eclodiram e nas 11 horas seguintes, já com 22 mil ovos, houve apenas eclosão de 4 ovos. Esse resultado comprova a capacidade dessas drogas de agirem também preventivamente no controle da verminose, pois os animais tratados contaminam menos o solo devido à quebra do ciclo parasitário no ambiente.

Tabela 5 — OPG e eclosão de larvas de nematódeos após tratamento com anti-helmíntico ovicida

	OPG antes do tratamento	OPG 8h após o tratamento	Eclosão 8h após o tratamento	OPG 11h após o tratamento	Eclosão 11h após o tratamento
Uso de produto ovicida	14.000	20.000	66	22.000	4

Fonte: Eddi — INTA — Argentina, 1982.

A seguir, apresentamos as drogas benzimidazólicas mais utilizadas no Brasil.

Albendazole

Apresenta-se na forma de solução oral e comprimidos. No organismo, o albendazole converte-se em sulfóxido de albendazole, seu principal metabólito e também o responsável pela atividade anti-helmíntica. As doses variam de acordo com o parasita alvo e a espécie de animal a ser tratada. Em bovinos, a dose terapêutica varia de 5 a 10 mg/kg de peso corporal, sendo que a dose de 5 mg/kg controla nematódeos gastrointestinais e pulmonares (adultos, larvas e ovos); a de 7,5 mg/kg é utilizada nos casos de hipobiose ou larvas inibidas (ostertagiose II) e cestódeos (tênias) e a de 10 mg/kg, em casos de fascíolas.

Na cisticercose bovina (metacestódeo da *Taenia saginata*), foram encontrados alguns resultados positivos utilizando-se a droga a 50 mg/kg, em dose única. Quatro semanas após o tratamento os animais abatidos mostraram significativa redução no número de cisticercos viáveis.

Quanto à carência de uso do leite e carne de animais tratados, aconselha-se não utilizar a carne antes de passados 14 dias do tratamento e 3 dias para o leite.

Em cães, o albendazole mostrou-se 100% eficaz contra nematódeos em doses diárias de 25 mg/kg de peso corporal, durante 3 dias consecutivos. A mesma dose em um único tratamento, ou seja, 400 mg/kg, resultou em eficácias que variaram de 0 a 95%. O albendazole também foi testado para o controle da giardíase canina, demonstrando bom resultado quando utilizado na dose

25 mg/kg de peso corporal, em 4 doses com intervalos de 12 horas entre cada uma.

Sua margem de segurança é de 7 vezes a dose terapêutica.

Fenbendazole

É apresentado na forma de solução oral, pó (misturável à ração ou mineral), pasta e comprimidos. No organismo, o fenbendazole converte-se em seu metabólito, o sulfóxido ou oxifendazole. Atua eficazmente em nematódeos gastrointestinais e pulmonares, adultos, larvas, larvas hipobióticas, ovos e cestódeos (tênias), mas sem atuação nas fascíolas. É considerada a droga anti-helmíntica mais segura do mercado, podendo ser administrada a todas as espécies animais. Sua margem de segurança é de 125 vezes a dose terapêutica. Quanto à carência de uso do leite e carne de animais tratados, aconselha-se a não utilizar a carne antes de passados 8 dias do tratamento e o leite, 3 dias.

As doses também variam de acordo com o parasita alvo e a espécie animal a ser tratada. Em ruminantes e suínos é utilizado na dose de 5 mg/kg de peso corporal; em eqüinos, na dose de 7,5 mg/kg de peso corporal; em aves, na dose de 30 mg/kg de peso corporal; em cães e gatos, na dose de 50 mg/kg de peso corporal ao dia, durante 3 dias consecutivos (totalizando 150 mg/kg de peso). O fenbendazole também foi testado em giardíase canina e com bons resultados na dose de 50 mg/kg de peso corporal, de 8 em 8 horas, durante 3 dias seguidos. No controle de tênias utiliza-se o dobro da dose para nematódeos.

Mebendazole

É apresentado na forma de comprimidos, suspensão oral e pó. Atua bem em nematódeos gastrointestinais e pulmonares, adultos, larvas, ovos e tênias, não tendo atuação em fascíolas. Pode ser utilizado em todas as espécies animais, mas é preferencialmente usado em cães, gatos e aves. Em cães e gatos a dose é de 22 mg/kg de peso corporal ao dia, durante 3 dias consecutivos; em aves e eqüinos a dose é de 9 mg/kg de peso corporal; em bovinos, 15 mg/kg de peso corporal; em ovinos, 12,5 mg/kg de peso corporal e em suínos, 5 mg/kg de peso corporal. No controle de tênias, geralmente utiliza-se o dobro da dose recomendada para nematódeos.

Quanto à carência de uso do leite e carne de animais tratados, aconselha-se a não utilizar a carne antes de passados 10 dias do tratamento e o leite, 3 dias.

Sua margem de segurança é de 90 vezes a dose terapêutica.

Oxifendazole

É apresentado na forma de suspensão oral. Essa droga já é um sulfóxido, isto é, já é administrada na forma de metabólito ativo, não tendo necessidade de ser transformada no organismo do animal. Atua eficazmente em nematódeos gastrointestinais e pulmonares, adultos, larvas, larvas hipobióticas, ovos e cestódeos (tênias) e tem fraca atuação em fascíolas. Em ruminantes, em que é mais utilizado, a dose é de 5 mg/kg de peso corporal, e em eqüinos, de 10 mg/kg de peso corporal.

Quanto à carência de uso do leite e carne de animais tratados, aconselha-se a não utilizar a carne antes de passados 14 dias do tratamento e o leite, 5 dias.

Sua margem de segurança é de 10 vezes a dose terapêutica.

Oxibendazole

É apresentado na forma de suspensão oral, pó e pasta. Atua em nematódeos gastrointestinais adultos, larvas e ovos. Não tem ação sobre larvas hipobióticas, vermes pulmonares, cestódeos e fascíolas. Em eqüinos, em que é mais utilizado, a dose é de 10 mg/kg de peso corporal; em ruminantes, a dose é de 10 a 15 mg/kg de peso corporal; e em suínos, também bastante usado, de 15 mg/kg de peso corporal.

Quanto à carência de uso do leite e carne de animais tratados, aconselha-se a não utilizar a carne antes de passados 6 dias do tratamento e o leite, 3 dias.

Sua margem de segurança é de 60 vezes a dose terapêutica.

Febantel

Trata-se de um pró-benzimidazol, isto é, a droga transforma-se em fenbendazole no organismo do animal. Quanto às características da droga, são as mesmas do fenbendazole.

Sua margem de segurança é de 40 vezes a dose terapêutica.

Ricobendazole

Esta droga é um sulfóxido de albendazole, metabólito do albendazole, podendo ser administrada na forma de suspensão oral e na forma injetável. Trata-se de uma nova tentativa de transformar um benzimidazole, até o momento administrado pela via oral, em droga injetável (subcutânea). No passado já se tentou algo parecido mas sem sucesso. Os resultados atuais são bastante promissores. As doses pela via injetável podem variar de acordo com o fabricante, ficando entre 3 a 3,75 mg/kg de peso corporal. Quanto às características da droga, veja também "albendazole".

Triclabendazole

Esta droga é somente utilizada no controle da *Fasciola hepatica* adulta e imatura. Apresentada na forma de suspensão oral, em bovinos é administrada na dose de 12 mg/kg de peso corporal e em ovinos na dose de 10 mg/kg de peso corporal.

Quanto à carência de uso do leite e carne de animais tratados, aconselha-se a não utilizar a carne antes de passados 28 dias do tratamento e o leite, 10 dias.

Sua margem de segurança é de 15 vezes a dose terapêutica.

Imidazotiazóis

As drogas pertencentes a este grupo, como o *tetramisol* e o *levamisol*, ainda são as mais utilizadas no Brasil e no mundo. São drogas muito eficientes no combate à verminose e, também, as mais baratas.

Interrompem a coordenação motora dos parasitas pela despolarização da membrana celular dos neurônios, levando o verme à paralisia neuromuscular.

Essas drogas agem eficazmente sobre nematódeos adultos e suas larvas, mas não têm atuação sobre os ovos dos vermes, cestódeos (tênias) e fascíolas. Sua ação tem duração aproximada de 48 horas no organismo. Após esse período as drogas são completamente eliminadas. Desprovidas de toxicidade, podem desencadear ocasionalmente sintomas passageiros como salivação e inquietação.

Tanto o tetramisol como o levamisol apresentam-se na forma de solução injetável, solução oral, pó oral e na forma de solução transcutânea lombar.

As doses dessas drogas indicadas para bovinos e ovinos em outros países são maiores que as indicadas no Brasil. Isso se deve ao fato de terem sido também utilizadas, nesses países, no controle da *Ostertagia spp.*, verme só encontrado no sul do Brasil e responsável pela hipobiose. Embora trabalhos recentes comprovem a ineficiência dessas drogas no controle da hipobiose, as doses no exterior continuam maiores que as utilizadas no Brasil. Para o controle dos helmintos mais comuns no nosso meio, as doses indicadas a seguir são eficazes.

Ambas as drogas, em pequenas doses diárias ou a cada 2 dias, têm alguma ação imunoestimulante.

Tetramisol

Presente desde 1966 no mercado brasileiro, o tetramisol foi, até pouco tempo atrás, um dos vermífugos injetáveis mais utilizados. Atualmente está sendo substituído pelo levamisol. Na forma de cloridrato de tetramisol, pode ser usado em ruminantes na dose de 5,8 mg/kg de peso corporal; em suínos, na dose de 15 mg/kg de peso corporal, e em aves, na dose de 20 mg/kg de peso corporal.

Quanto à carência de uso do leite e carne de animais tratados, aconselha-se a não utilizar a carne antes de passados 7 dias do tratamento e 1 dia no caso do leite.

Sua margem de segurança é de 3 vezes a dose terapêutica.

Levamisol

Substituto do tetramisol, o levamisol tem as mesmas características do seu antecessor, com algumas vantagens. O tetramisol é composto de dois isômeros óticos idênticos, o dextrogiro e o levogiro. O isômero levogiro demonstrou ser mais ativo como anti-helmíntico e menos tóxico que o dextrogiro. Isto trouxe ao mercado o levamisol, uma droga composta apenas pelo isômero levogiro, portanto, mais segura, comercializada na forma de cloridrato na dose de 3,75 mg/kg de peso corporal para ruminantes; 7,5 mg/kg de peso corporal para suínos; e 18 a 36 mg/kg de peso corporal para aves. Atualmente, um novo tipo de sal entrou na sua formulação, substituindo o cloridrato pelo fosfato, o que melhorou ainda mais a performance da droga e deu mais estabilidade às formulações.

O levamisol também é utilizado em cães no controle de nematódeos gastrointestinais, pulmonares e microfilárias, na dose de 5 mg/kg de peso corporal.

Algumas pesquisas sugerem seu uso para gatos, na dose de 5 mg/kg de peso corporal.

Quanto à carência de uso do leite e carne de animais tratados, aconselha-se a não utilizar a carne antes de passados 7 dias do tratamento e o leite, 1 dia.

Sua margem de segurança é de 3 vezes a dose terapêutica.

Pamoato de Pirantel

Esta droga também foi introduzida no mercado na década de 60. Trata-se de um derivado imidazotiazólico ou de tetrahidropirimidina, inicialmente utilizado no controle dos nematódeos gastrointestinais de ovinos, sendo posteriormente também utilizado em nematódeos de bovinos, suínos, eqüinos, cães e gatos. É um anti-helmíntico atóxico bastante eficaz, atualmente utilizado em eqüinos na dose de 19 mg/kg de peso corporal e em cães na dose única de 5 a 15 mg/kg, nas formas de suspensão oral e comprimidos. No controle de cestódeos de eqüinos (*Anoplocephala spp.*) essa droga também mostrou-se eficiente na dose de 38 mg/kg de peso corporal.

Quanto à carência de consumo da carne de animais tratados, aconselha-se a não consumi-la antes de passados 14 dias do tratamento.

Piperazina

A piperazina foi originalmente utilizada no tratamento da gota em humanos, no início do século. Sua atividade anti-helmíntica foi reconhecida no início dos anos 50 e vários sais de piperazina foram desenvolvidos a partir da droga pura (piperazina base) — todos com bom poder anti-helmíntico, principalmente contra ascarídeos. A droga age no bloqueio neuromuscular do parasita que acaba expulso junto com as fezes. Mesmo sendo uma droga antiga e ineficaz em alguns nematódeos, a piperazina tem excelente ação sobre o *Ascaris spp.*, o *Oxyuris spp.*, o *Oesophagostomum spp.* e sobre os pequenos estrongilídeos de eqüinos (110 mg/kg). Sua combinação com outras drogas de maior espectro de ação potencializa o efeito antiparasitário, principalmente em eqüinos, mas tem o inconveniente de se necessitar altas doses e ser de difícil administração.

A piperazina é também utilizada em ruminantes (100 mg/kg), aves (32 mg/kg), suínos (110 mg/kg), cães e gatos (45 a 65 mg/kg). Essas dosagens são de piperazina base, ou seja, droga pura sem estar associada a algum sal na formulação (adipato, citrato, fosfato, etc.).

Quando utilizada em cães, deve-se evitar tratar animais fracos, febris ou doentes, principalmente com hepato e nefropatias.

Organofosforados

Essas drogas foram originalmente desenvolvidas para atuarem sobre ectoparasitas, mas demonstraram ter alguma eficácia também sobre nematódeos sugadores de sangue, porém com baixo percentual de eficácia.

Atualmente estão sendo comercializadas como "endectocidas" (droga com atuação sobre vermes e ectoparasitas ao mesmo tempo), mas não devem jamais ser comparadas com os modernos produtos endectocidas à base de avermectinas e milbemicinas.

Embora de rápido metabolismo e excreção, aconselha-se a não consumir a carne antes de passados 3 dias do tratamento e o leite, 12 horas.

Praziquantel

É uma droga muito eficaz contra tênias adultas e na forma de larvas. Sua ação se dá pela interferência no metabolismo dos carboidratos no parasita, provocando sua morte. Não é uma droga tóxica, quando utilizada nas dosagens terapêuticas. Pode ser utilizada só ou combinada com outras drogas anti-helmínticas, principalmente em cães (*Dipylidium caninum, Echinococcus granulosus, Multiceps multiceps, Taenia hydatigena* e *Taenia pisiformis*) e gatos. A dose oral nessas espécies é de 5 mg/kg de peso corporal. No caso de *Echinococcus granulosus*, o tratamento pode ser na forma injetável, na dose de 5,68 mg/kg de peso.

Closantel

Parasiticida da família das salicilanilidas, o closantel é uma droga que se caracteriza pela ação prolongada devido a sua combinação com proteínas plasmáticas e pela característica de atuar, ao mesmo tempo, em alguns vermes sugadores de sangue, fascíola e em ectoparasitas. No verme, o closantel interrompe o transporte de energia celular, provocando a morte. É utilizado em formulações orais e injetáveis para bovinos (5 a 20 mg/kg de peso corporal) e ovinos (5 a 15 mg/kg de peso corporal).

Quanto à carência de consumo da carne de animais tratados, desaconselha-se o consumo antes de passados 30 dias do tratamento. Não deve ser utilizado em animais produtores de leite.

Sua margem de segurança é de 6 vezes a dose terapêutica.

Disofenol

Droga injetável e oral usada somente no controle dos nematódeos sugadores de sangue, como o *Ancilostoma spp.* de cães e *Haemonchus spp.* e *Bunostomum spp.* de ruminantes, principalmente no ovino em que o *Haemonchus spp.* é resistente à maioria dos anti-helmínticos. É uma droga segura e eficaz, porém de pequeno espectro de ação. Uma vez no organismo, acumula-se no plasma sangüíneo, do qual é liberada lentamente, proporcionando uma atuação prolongada. Tem o inconveniente de manchar o pêlo dos animais tratados, característica não muito apropriada para cães de pelagem clara e mesmo para a ovinocultura de lã. Em cães, a dosagem é de 10 mg/kg de peso corporal, e em ruminantes, 7,5 mg/kg.

Sua margem de segurança é de 3 vezes a dose terapêutica.

Niclosamida

É uma droga muito eficaz no combate às tênias em todas as espécies animais. É mais utilizada na linha para humanos mas pode ser encontrada atualmente como produtos específicos para cães e gatos no controle do *Dipylidium caninum*. A dose é de 150 mg/kg de peso corporal, em dose única. Se for utilizada no controle da tênia de eqüinos, a dose deve ser de 100 a 200 mg/kg de peso corporal.

Nitroscanato

É uma droga anti-helmíntica de largo espectro de ação, que controla ao mesmo tempo vermes redondos (nematódeos) e tênias (cestódeos) de cães e gatos. A droga é administrada em dose única de 50 mg/kg de peso corporal. Aconselha-se tratar os animais em jejum.

Avermectinas

Desde 1981 no mercado brasileiro, as avermectinas (ivermectina, abamectina e doramectina) controlam a maioria dos nematódeos gastrointestinais e pulmonares e também os ectoparasitas, como o berne, o carrapato, a sarna, o piolho, etc. São eficazes contra as formas adultas, larvares e hipobióticas dos vermes; entretanto não têm ação sobre os ovos nem sobre tênias e fascíolas. Por serem drogas que se armazenam nas gorduras e no fígado, permanecem por períodos mais prolongados no organismo, de 20 a 40 dias, combatendo, durante esse período, as novas larvas que venham a ser ingeridas. São drogas produzidas por fermentação, utilizando como matéria-prima o microorganismo chamado

Streptomyces avermitilis. Seu mecanismo de ação é sobre o neurotransmissor chamado GABA (ácido gama amino butírico), que emite sinais entre as células nervosas e os músculos. As avermectinas estimulam a liberação do GABA nas terminações nervosas, interrompendo os impulsos nervosos, paralisando e matando os parasitas. Essas drogas não têm ação sobre as tênias e fascíolas porque esses parasitas não possuem o GABA como transmissor de impulsos nervosos.

Ivermectina

Várias marcas de produtos à base de ivermectina são encontradas no mercado brasileiro. A apresentação varia de acordo com a espécie animal a ser tratada, sendo injetável para ruminantes e suínos, solução oral para ruminantes, bolus intra-ruminal para bovinos, premix e injetável para suínos e pasta oral para eqüinos. As doses são de 200 mcg/kg de peso corporal, exceção em suínos, para os quais a dose passa para 300 mcg/kg de peso corporal.

É importante lembrar que as ivermectinas, quando administradas pela via ruminal, têm sua biodisponibilidade reduzida, com absorção de apenas 25%. Portanto, produtos à base desse princípio ativo, quando administrados pela via ruminal, devem ter sua dose aumentada em 4 vezes, o que eleva muito o preço dos tratamentos.

Quanto à carência de consumo da carne de animais tratados, aconselha-se a não consumi-la antes de passados 21 dias do tratamento. A droga não deve ser utilizada em animais produtores de leite.

Sua margem de segurança é de 3 vezes a dose terapêutica.

Abamectina

Essa droga aparece em várias marcas de anti-helmínticos no país, e difere da ivermectina pela sua toxicidade, sendo contra-indicada em animais com menos de 4 meses de idade. No resto, ela é idêntica à ivermectina, com os mesmos resultados de eficácia anti-helmíntica e nas mesmas doses. Seu uso ficou mais dirigido a bovinos.

Quanto à carência de consumo da carne de animais tratados, aconselha-se a não consumi-la antes de passados 21 dias do tratamento. Não deve ser ministrada a animais produtores de leite.

Doramectina

Essa droga difere das duas drogas anteriores pela propriedade de permanecer por mais tempo no organismo dos animais, conferindo maior tempo de proteção contra reinfecções parasitárias. A dose também é de 200 mcg/kg de peso corporal para bovinos e 300 mcg/kg de peso corporal para suínos, apresentadas na forma de solução injetável.

Quanto à carência de consumo da carne de animais tratados, aconselha-se a não consumi-la antes de passados 35 dias do tratamento. Não deve ser ministrada a animais produtores de leite.

Sua margem de segurança é de 3 vezes a dose terapêutica.

Milbemicina

Pertence a este grupo químico a moxidectina, droga estruturalmente relacionada à avermectina. É um produto de fermentação do microorganismo *Streptomyces cyanogriseus* e tem o seu mecanismo de ação semelhante às avermectinas. A desvantagem dessa droga é seu baixo poder bernicida. É apresentada na forma injetável para bovinos na dose de 200 mcg/kg de peso corporal e mais recentemente também na forma de pasta anti-helmíntica para eqüinos. Seu uso em cães já está sendo estudado.

Quanto à carência de consumo da carne de animais tratados, desaconselha-se o consumo antes de passados 21 dias do tratamento. Não deve ser utilizada em animais produtores de leite.

Espécies animais e seu tratamento

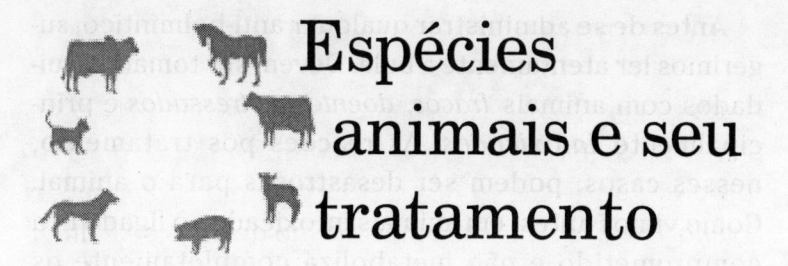

A seguir, falaremos sobre os tratamentos anti-helmínticos mais utilizados e programas de controle parasitário adotados no país, baseados em diversos trabalhos realizados por especialistas, em diferentes regiões brasileiras. A adoção de um programa depende da região em que se cria, considerando-se diferenças climáticas, epidemiologia dos helmintos, manejos, etc.

Falaremos separadamente de cada espécie animal. No que diz respeito ao manejo em geral (como cuidados com a pastagem ou solo, aquisição de novos animais, fase de gestação, etc.), os cuidados são os mesmos para todos os tipos de animal e criação.

Vários fatores devem ser considerados para a escolha do vermífugo. Entre eles destacamos a *eficácia do produto* que deve ser a de maior espectro de ação possível, tanto em larvas como em vermes adultos. A *baixa toxicidade* da droga é outro fator muito importante no combate aos parasitas. A droga deve ser tóxica somente ao parasita e deve dar boa margem de segurança ao hospedeiro. O produto também deve ser de *fácil administração* e *econômico*, pois nas criações a relação custo-benefício dos tratamentos deve sempre ser considerada.

Antes de se administrar qualquer anti-helmíntico, sugerimos ler atentamente a bula. Devem ser tomados cuidados com animais *fracos, doentes, estressados* e principalmente *intoxicados*. As reações pós tratamento, nesses casos, podem ser desastrosas para o animal. Como vimos antes, em animais intoxicados o fígado fica comprometido e não metaboliza completamente os produtos administrados. Isso desencadeia reações indesejáveis que acabam sendo atribuídas, equivocadamente, ao produto.

Manejo

O controle parasitário começa com o correto manejo dos animais em relação a rotação de pastagens, lotação do pasto, condições sanitárias e alimentação.

Quanto maior o número de animais numa pequena área de criação ou pastagem, maior será o risco de infecções parasitárias. Ao defecarem diariamente no solo, os animais lançam altas cargas de ovos de vermes e assim contaminam o meio e conseqüentemente seus companheiros, principalmente os mais jovens.

Esse é um dos motivos pelos quais não se devem criar animais de diferentes idades nas mesmas áreas ou pastos. Os animais jovens são mais sensíveis ao parasitismo do que os adultos, embora os adultos também tenham vermes. Eles têm parasitas que não lhes causam prejuízos tão significativos como ao animal em fase de desenvolvimento.

Com animais subnutridos ou doentes o problema é o mesmo: eles sempre serão mais suscetíveis à verminose do que o animal são e bem nutrido. Não seria produtivo tratar ou controlar a verminose, sem alimentar correta e satisfatoriamente os animais; por outro lado, não seria correto alimentá-los com abundância e qualidade sem controlar a verminose.

Ruminantes

A seguir daremos algumas indicações de épocas mais propícias para tratamentos estratégicos com anti-helmínticos no Brasil. É importante lembrar que as melhores épocas para tratar bovinos de corte com anti-helmínticos são: *entrada da seca (inverno), durante o período seco (inverno)* e *início das águas (primavera)*.

Gado de corte criado extensivamente

Nos últimos 20 anos a pesquisa em parasitologia interna de gado de corte no Brasil tem sido bastante estimulada, levando inúmeros pesquisadores de diferentes regiões brasileiras a estudar esquemas de controle parasitário, a partir dos conhecimentos da biologia e epidemiologia dos nematódeos de cada região.

Sabe-se que os períodos *secos* do ano ou *inverno* são os mais aconselhados para ministrar drogas aos animais, pois é quando existe um maior número de vermes dentro deles, e poucas larvas no pasto devido à falta de calor e umidade, fatores essenciais para a passagem dos ovos e larvas para vermes adultos.

Segundo estudos, os melhores resultados decorrem de *tratamentos preventivos* ou *tratamentos estratégicos*, como são mais conhecidos.

A seguir mostraremos os esquemas de tratamentos estratégicos preconizados para as regiões Centro e Sul do país. O programa de controle parasitário nessas regiões difere de outras pelas diferenças climáticas, manejos e espécies de parasitas.

Embora os meses de tratamento desses programas nem sempre coincidam com as épocas de vacinação contra a febre aftosa, o que se torna pouco prático, os dados epidemiológicos dos parasitas nessas regiões, somados aos resultados de trabalhos realizados pelos diferentes pesquisadores, provaram que a escolha da época dos tratamentos é a mais correta econômica e tecnicamente.

Segundo a maioria dos estudos publicados, tanto no Brasil como em países de clima semelhante ao nosso, ficou comprovado que a *relação custo-benefício* dos tratamentos anti-helmínticos é melhor quando eles são realizados na *entrada da seca (inverno), durante a seca (inverno)* e *entrada das águas (primavera)*. Nos meses de *chuva (verão)*, suspende-se o tratamento, pois em termos econômicos e de produtividade animal não se verificaria benefício algum, salvo se houvesse um surto de verminose atípico para a época.

Dados da Embrapa de Campo Grande mostram que em 65% do território nacional os meses secos ocorrem em *junho, julho* e *agosto*, diversificando um pouco no sul e nordeste do país.

Nessa época do ano a disponibilidade de pasto é menor e se à escassez de alimentos se somar o parasitismo interno, as perdas serão maiores.

Quanto às categorias animais a serem tratadas, verifica-se pelas pesquisas, que a faixa etária mais suscetí-

Fonte: Honer & Bianchin (1987).

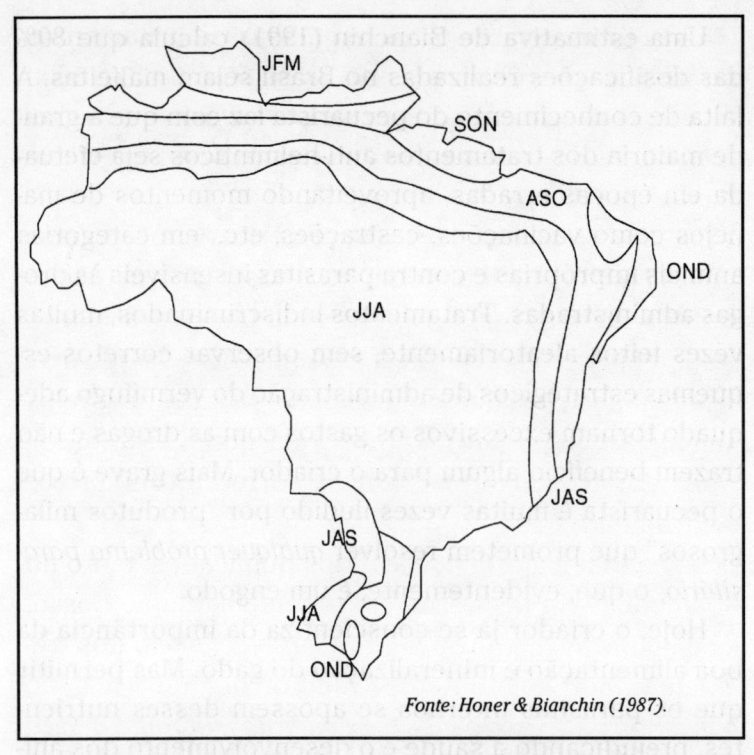

Fig. 7 — Em 65% do nosso território o trimestre seco do ano cai em junho, julho e agosto, melhor época para tratamento.

vel à verminose encontra-se entre o desmame e os 30 meses de idade. Acima dessa idade os animais adquirem certa resistência ao parasitismo interno, que no entanto se vê diminuída por ocasião da gestação, do parto e da lactação (devido à baixa imunidade da fêmea), e quando o animal se apresenta subnutrido, doente e estressado.

Em relação aos tratamentos, o pecuarista costuma hesitar na escolha dos anti-helmínticos diante da variedade de produtos no mercado.

71

Uma estimativa de Bianchin (1991) calcula que 80% das dosificações realizadas no Brasil sejam malfeitas. A falta de conhecimento do pecuarista faz com que a grande maioria dos tratamentos anti-helmínticos seja efetuada em épocas erradas, aproveitando momentos de manejos como vacinações, castrações, etc., em categorias animais impróprias e contra parasitas insensíveis às drogas administradas. Tratamentos indiscriminados, muitas vezes feitos aleatoriamente, sem observar corretos esquemas estratégicos de administração do vermífugo adequado tornam excessivos os gastos com as drogas e não trazem benefício algum para o criador. Mais grave é que o pecuarista é muitas vezes iludido por "produtos milagrosos" que prometem resolver *qualquer problema parasitário,* o que, evidentemente, é um engodo.

Hoje, o criador já se conscientiza da importância da boa alimentação e mineralização do gado. Mas permitir que os parasitas internos se apossem desses nutrientes, prejudicando a saúde e o desenvolvimento dos animais, inutiliza todo esforço e dinheiro empregados numa criação.

Na tabela 6 damos sugestões de drogas a utilizar, seguidas de explicação.

Tabela 6 — Sugestão de drogas anti-helmínticas a serem utilizadas nas três principais épocas de tratamento estratégico no Brasil

DROGA	Entrada da seca	Durante a seca	Entrada das águas
Benzimidazóis	X		
Levamisol		X	
Avermectinas			X

Vejamos o porquê desse esquema.

É claro que poderíamos utilizar apenas um tipo de droga o ano inteiro ou indicar apenas produtos injetáveis, ou produtos orais, ou ainda escolher o produto pelo seu preço. Tudo isso é válido e possível, mas nosso objetivo aqui é explicar a diferença entre as drogas existentes e onde cada uma se enquadra num esquema de tratamento estratégico, visando racionalizar a relação custo-benefício e a eficácia dos tratamentos. Às vezes uma droga cara pode ser substituída por uma mais barata, obtendo-se os mesmos resultados.

Entrada da seca (inverno): Nessa época do ano os animais apresentam maior número de vermes dentro do trato gastrointestinal. Nosso objetivo é "limpar" os animais e impedir novas reinfecções através do pasto. Tratamentos com drogas benzimidazólicas, pela via oral ou intra-ruminal, são aconselhados para essa época porque, além de controlar os vermes adultos e larvas, destroem seus ovos, cortando o ciclo e deixando o pasto mais limpo para a entrada do período crítico para a verminose, que é a seca (inverno). Produtos à base de avermectinas também poderiam ser utilizados devido ao poder de permanecerem por maior tempo no organismo, mas como as infestações por ectoparasitas (bernes, carrapatos, etc.) começam a decrescer nessa época do ano, torna-se antieconômico usar produtos mais caros apenas para controlar a verminose. Caso infestações por ectoparasitas sejam comuns mesmo durante a época seca do ano (inverno), tais drogas podem ser utilizadas, mas o custo de tratamentos alternativos como *pour-on* (aplicação lombar) e pulverização devem ser considerados, visando baratear o tratamento.

Durante a seca (inverno): Este é o período crítico da verminose. A tendência é de haver maior número de vermes adultos dentro dos animais e, sendo uma época do ano de escassez alimentar, o parasitismo interno começa a prejudicar a boa performance dos animais. É neste período do ano que o verme "rouba" para si o alimento que deveria ser utilizado pelo gado.

A utilização de drogas como o levamisol ou tetramisol é a mais indicada nesse período, pois o objetivo é controlar os parasitas adultos e larvas remanescentes do tratamento anterior. É uma época do ano em que poucos ovos de vermes são depositados no pasto devido à falta de calor e umidade, por isso não há necessidade de se utilizar drogas mais caras: o levamisol e o tetramisol cumprem perfeitamente seu papel.

Lembremo-nos sempre de que levamisol, avermectinas e benzimidazóis são igualmente eficazes no controle de vermes adultos e larvas. Por isso, nada mais lógico e racional do que utilizar uma droga barata nessa época do ano.

Entrada das águas (primavera): Com o fim da seca ou inverno e início das águas (primavera), o número de larvas no pasto começa a aumentar. Os vermes adultos reiniciam a postura de seus ovos, tornando-se necessário defender os animais contra o próximo período de intensa proliferação deles no pasto. Além disso, inicia-se aí um novo período de intenso parasitismo por ectoparasitas, como o berne e o carrapato. Nosso objetivo, nesta época do ano, é combater a proliferação dos vermes, tanto dentro dos animais como fora, no pasto, e também os ectoparasitas. Assim, podem ser utilizadas as avermectinas porque preenchem os requisitos necessários para o combate estratégico aos parasitas dos bovinos nessa época do ano.

Como vimos, atrelar os tratamentos anti-helmínticos às vacinações, principalmente à aftosa, não traz benefício algum ao bolso do criador nem à saúde do animal porque nem sempre a época de vacinação corresponde à época ideal de tratamento anti-helmíntico. Em um futuro próximo a vacinação contra a febre aftosa desaparecerá. Como ficará o controle parasitário? Será que os animais não serão mais reunidos para receber as dosificações?

Às vezes um manejo a mais pode resultar em um gasto a menos. Seguindo-se o esquema de tratamentos estratégicos seria possível, a médio prazo, levar o problema da verminose a baixos níveis de parasitismo.

O criador deve se manter informado sobre as novidades que as pesquisas fornecem, acreditar nelas e pôr em prática o que está no papel. O importante é não jogar dinheiro fora com tratamentos desnecessários, fora de época e com produtos errados.

Fazendo-se um cálculo aproximado sobre o custo de um tratamento anual contra vermes, seguindo-se o esquema proposto anteriormente, de 3 dosificações por ano, com as três diferentes drogas e somando-se os tratamentos contra ectoparasitas necessários em um ano, chega-se à cifra de US$ 3.00 a US$ 4.00/animal/ano (os preços variam de região para região). O tratamento se mostra vantajoso, considerando-se que o retorno em produtividade de um boi livre de parasitas seja, pelo menos, de uma arroba* a mais ao ano, de acordo com a

---

* Preço médio da arroba — US$ 225.00.

maioria dos trabalhos experimentais. Os tratamentos bem realizados certamente se converterão em lucro.

A seguir temos duas tabelas que mostram as épocas de tratamento estratégico em bovinos de corte, do desmame até os 30 meses de idade. A primeira é indicada para o Brasil Central e a segunda, para o Sul do país. Nas duas tabelas colocamos sugestões de drogas a serem utilizadas, visando a eficácia e custo-benefício dos tratamentos.

Tabela 7 — Tratamento estratégico no Brasil Central em bovinos de corte

Maio	Julho	Setembro
Drogas benzimidazólicas	Levamisol	Avermectinas

Fonte: Adaptado de Ivo Bianchin & M. Honer — Embrapa — Campo Grande — MS

Tabela 8 — Tratamento estratégico no Sul do Brasil em bovinos de corte

Março	Junho	Setembro	Nov. ou Dez.
Benzimidazóis	Levamisol	Avermectinas	Benzimidazóis/Avermectinas

Fonte: Adaptado de A. C. Pinheiro — Embrapa — Bagé — RS

Na tabela 8 verifica-se que existe uma época a mais de tratamento anti-helmíntico, preconizada para novembro ou dezembro no Sul do Brasil. Nessa época do ano utilizam-se drogas anti-helmínticas que atuam sobre larvas em estado de hipobiose, pois a *Ostertagia spp.* tem seu desenvolvimento inibido nos meses mais quentes do ano. Drogas como o tetramisol e o levamisol não são indicadas nessa época do ano para aquela região. A *Ostertagia spp.* não é encontrada no Brasil Central.

Independentemente da região, animais jovens e ainda não desmamados também deveriam receber um tratamento antes do desmame. Algumas larvas de vermes podem infectar o feto pela placenta, outras podem ser transmitidas pelo leite na amamentação quando as fêmeas estiverem parasitadas, e larvas de *Strongyloides spp.* no solo penetram no hospedeiro através da pele das patas.

Existem outros casos que fogem aos tratamentos estratégicos já descritos, mas que devem ser respeitados como fonte de infecção e por isso merecem tratamentos.

- TRATAMENTO CURATIVO

Ao se diagnosticar animais doentes devido à verminose, o tratamento curativo se faz necessário imediatamente (não se devem esperar as épocas propícias). O animal doente já estará apresentando sintomas como emagrecimento, diarréia, pêlo fosco e arrepiado, anemia e, provavelmente, o exame de fezes dará positivo. O tratamento deve ser imediato, podendo ser utilizados produtos à base de levamisol por ser eficiente como curativo e mais econômico.

- CHUVAS FORA DE ÉPOCA

Sabe-se que o calor e a umidade são requisitos climáticos básicos para que haja desenvolvimento de vermes no solo. Durante um longo período de seca, a tendência é de que ovos e larvas de vermes no solo morram por falta de umidade. No entanto, algumas larvas e mesmo ovos podem sobreviver à seca, principalmente se o capim estiver alto, proporcionando um ambiente sombreado e umedecido. Com uma chuvarada, em poucos dias essas larvas e esses ovos podem retomar seu desenvolvimento, provocando eventualmente um surto de verminose atípico para a época. Nesses casos, antes que surjam sintomas de parasitismo interno, deve-se fazer o tratamento utilizando produtos à base de avermectinas: além de curar, previnem novas infecções que certamente ocorrerão nos dias seguintes.

- NA AQUISIÇÃO DE NOVOS ANIMAIS

Sempre que forem adquiridos novos animais numa propriedade aconselha-se que sejam tratados com anti-helmínticos antes de entrarem no novo pasto. Essa prática evita que tragam ovos de vermes viáveis para dentro da propriedade, infestando o solo e posteriormente infectando os outros animais já existentes na criação. O tratamento pode ser realizado no local de origem dos animais ou na própria propriedade em um potreiro (piquete) à parte, tipo quarentena, onde os animais permanecem de 8 a 32 horas para esvaziarem o conteúdo intestinal e com isso expelir vermes mortos e seus ovos. Só depois devem ser soltos no novo ambiente. Para este tipo de tratamento são mais aconselhados produtos à base de benzimidazóis. Além de serem eficazes contra vermes adultos e suas larvas, inviabilizam os ovos dos vermes, evitando sua proliferação no solo.

Essa prática é recomendada mesmo utilizando-se drogas anti-helmínticas ovicidas, pois falhas de tratamentos podem ocorrer por melhor que seja o manejo. Se um ou mais animais escaparem do tratamento, podem contaminar o capim.

- **NAS ALTAS LOTAÇÕES**

Lotações com mais de 1,5 animal por hectare podem ter maiores problemas com infecções verminóticas e não responder positivamente aos tratamentos estratégicos das tabelas. Um grande aglomerado de animais predispõe a maiores e mais rápidas infecções porque a defecação é mais abundante e a contaminação do solo é aumentada. Nesses casos, respeitando as épocas já descritas, um ou mais tratamentos extras podem ser necessários.

- **ESTRESSE**

Vários fatores e eventos em uma criação podem causar estresse nos animais. Um dos efeitos em um animal estressado é a baixa resistência imunológica e conseqüentemente baixa resistência aos vermes.

Entre os vários fatores causadores de estresse, a fase de reprodução é uma das mais atingidas. Vacas na fase de *gestação, parto* e *lactação* têm queda de imunidade e a infecção por vermes pode ser alta. O uso de anti-helmínticos antes da estação de monta e no final da gestação (evitar o último mês) é de extrema importância pois com esse controle evita-se a transmissão de vermes via placentária, via amamentação e mesmo pela via normal, através do solo, para que o bezerro (terneiro) tenha um ambiente livre de parasitas ao nascer.

Outro fator estressante numa criação é a fase do *desmame*. As mudanças nessa fase de vida do bezerro (terneiro) são dramáticas e provocam queda de imunidade orgânica. Como conseqüência, torna-se alto o parasitismo interno. Se o desmame não ocorrer em uma das épocas de tratamento anti-helmíntico preconizadas nas tabelas já apresentadas, um tratamento extra será necessário.

Transportes, castrações e *doenças* em geral também são fatores estressantes que podem provocar infecções verminóticas. Tratamentos anti-helmínticos extras podem ser necessários.

- ROTAÇÃO DE PASTAGEM

Além do controle preventivo mediante o uso de anti-helmínticos em épocas estratégicas, a rotação de pastagens também é utilizada como um sistema preventivo da verminose. Essa rotação pode ser realizada movendo-se os animais de um pasto para outro, com intervalos preestabelecidos para que haja descanso da pastagem dos potreiros (piquetes) e com alternância de plantações, inclusive, mesclando com a agricultura. Com esse sistema haveria diminuição das infestações do solo de um ano para outro.

Confinamento

Embora dentro do confinamento seja difícil os animais contraírem infecção verminótica, é necessário um tratamento na entrada do confinamento para que os animais permaneçam livres de vermes durante esse período. Quando dizemos que é difícil contrair vermes em confinamentos, estamos supondo que os animais não estejam se alimentando diretamente no pasto. Entretanto, não podemos esquecer que um capim recém-cortado de um piquete ou potreiro parasitado, oferecido como alimento no confinamento, pode carrear larvas direto do cocho para o trato gastrointestinal dos animais, causando uma infecção verminótica. Por isso um controle mais rígido é indispensável. A possibilidade de um animal ou rebanho contrair verminose gastrointestinal ou pulmonar deve ser sempre considerada.

Na entrada do confinamento, drogas benzimidazólicas como albendazole, fenbendazole ou oxifendazole podem ser utilizadas pela via oral ou intra-ruminal e também nas formas de pó para misturar à ração, uma vez que se conheça a quantidade média de consumo de ração diária pelos animais. Drogas injetáveis como o levamisol e os endectocidas também podem ser administradas em animais confinados. Dentre as drogas apresentadas o criador pode optar pela que oferecer menor custo, pois qualquer uma proporcionará a eficácia anti-helmíntica desejada.

Gado leiteiro

Sendo as vacas leiteiras animais que têm como finalidade do seu metabolismo a produção diária de leite, é importante que elas se mantenham constantemente livres de parasitas. Nesses animais a gestação e lactação são praticamente constantes e a baixa imunidade contra vermes pode ser maior se eles não forem corretamente tratados.

Analisando-se os trabalhos experimentais realizados em gado leiteiro, os pesquisadores recomendam que se trate estratégica ou preventivamente bezerras até um ano de idade a cada 60 ou 90 dias e as vacas em lactação na *entrada da seca ou inverno*, *durante a seca ou inverno*, *na saída da seca ou inverno* e um quarto tratamento em *meados das águas*. Com esses quatro tratamentos anuais, a relação custo-benefício dos tratamentos mostrou-se favorável à criação.

Para o gado leiteiro podem ser utilizados os benzimidazóis orais como albendazole, fenbendazole e oxifendazole e os injetáveis à base de levamisol. Os endectocidas não devem ser utilizados em vacas leiteiras em lactação. Não esquecer também que deve-se evitar aplicar vermífugo em animais gestantes no primeiro terço da gestação.

No caso de se utilizar anti-helmínticos orais, para não estressar as vacas com o uso de pistolas dosadoras, aconselhamos jogar a dose do vermífugo sobre a ração ou volumoso, no cocho, proporcionando um tipo de automedicação. Quanto menos "maltratarmos" os animais, mais eles nos retribuirão em produtividade.

Ovinos

Os ovinos são animais muito suscetíveis à ação dos parasitas internos. São afetados durante toda a vida, independentemente da idade, pois neles o avanço da idade não traz imunidade parasitária. Um parasitismo intenso na época do desmame — que é muito comum — resultará em futuros prejuízos de produtividade.

O principal verme espoliador nos ovinos é o *Haemonchus contortus* e, se não for controlado, provoca grande mortalidade. E esse parasita tem outro agravante: é o verme que mais resistência apresenta aos anti-helmínticos. Está cada vez mais difícil combatê-lo e drogas que recentemente surgiram no mercado já não são eficazes no seu controle.

Na tabela 9 pode-se observar, em porcentagem de resistência, como anda a performance das várias drogas mais utilizadas na ovinocultura na América Latina.

Tabela 9 — Resistência do *Haemonchus contortus* às diferentes drogas anti-helmínticas na América do Sul (em %)

	Benzimidazóis	Levamisol	Combinação	Ivermectina	Closantel
Argentina	40	22	11	6	—
Brasil	90	84	73	13	20
Paraguai	73	68	—	73	—
Uruguai	80	71	—	1,2	—

Fonte: Echevarria et alii, Eddi et alii, Maciel et alii e Nari et alii — 1996

No Brasil, em ovinos, 90% dos tratamentos com drogas benzimidazólicas, 84% dos tratamentos com levamisol, 73% dos tratamentos com combinações desses dois, 13% dos tratamentos com ivermectinas e 20% dos tratamentos com closantel já não são eficazes em *Haemonchus contortus*.

São alarmantes os números demonstrados na tabela 9. O Brasil é o país em que se observa o maior índice de resistência do *Haemonchus contortus* às drogas anti-helmínticas utilizadas em ovinos. Isso mostra como os tratamentos foram e são realizados indiscriminadamente, sem obedecer critérios epidemiológicos, dosagens corretas, alternância de drogas e outros requisitos necessários para se fazer um controle estratégico e eficaz, preservando o poder de eficiência de uma droga.

O fato de a maioria dos ovinocultores não estarem fazendo controles estratégicos no seu rebanho resultou na perda de tempo (manejo), dinheiro e muita dor de cabeça: os animais tiveram de ser tratados muito mais vezes ao ano para se obter algum resultado positivo. Surge, então, a necessidade de se procurar novos produtos ou misturas de produtos já existentes que embora, de início, apresentem boa eficácia, têm vida curta no controle da verminose ovina.

O uso intensivo de drogas anti-helmínticas com o mesmo mecanismo de ação provoca a resistência do parasita a essa droga. Essa característica é genética e é progressivamente passada para as gerações seguintes de parasitas. Foi o uso indiscriminado dessas drogas na ovinocultura brasileira e de outros países que originou o problema da resistência anti-helmíntica que hoje alcança patamares praticamente incontroláveis. Lamentavelmente no presente não temos muitas opções de tratamentos. O uso de ivermectinas, disofenol e nitroxinil é a saída temporária para o problema, embora já se ouça falar em focos isolados de resistência a elas.

É necessário se adotar um sistema preventivo no controle da verminose ovina senão dentro de poucos anos não teremos opção alguma de tratamento. O controle estratégico visa combater os vermes quando eles estão em maior número dentro dos animais e poucos fora, na pastagem. Pesquisadores brasileiros estudaram um esquema de controle anti-helmíntico preventivo para ovinos, com redução do número de tratamentos, se se comparar com esquemas passados, diminuindo o uso intensivo de drogas anti-helmínticas.

Na tabela 10 temos dois esquemas de tratamento anti-helmíntico para ovinos propostos pelos pesquisadores da Embrapa de Bagé-RS. Cabe ao criador escolher o que melhor se adaptar as suas condições de manejo.

Tabela 10 — Tratamentos estratégicos preconizados para ovinos no Rio Grande do Sul

Tratamento indispensável	Tratamento opcional
1 — Janeiro e março	Abril a dezembro — segundo o exame de fezes (OPG)*
2 — Janeiro e março	Mai-jul-set-nov — estrategicamente nesses meses

Fonte: Adaptado de Echevarria (1988) — Embrapa, Bagé — RS

Tanto na primeira como na segunda opção, os tratamentos são indispensáveis em janeiro e março, ficando a critério de cada um escolher um dos dois tratamentos opcionais. No primeiro caso, o "tratamento opcional" é realizado de abril a dezembro somente quando o exame de fezes for positivo e, no 2º caso, o "tratamento opcional" é realizado estrategicamente nos meses de maio, julho, setembro e novembro (veja foto 13, p. 38).

Caprinos

Conforme estudos realizados na região Nordeste, o parasitismo por nematódeos gastrointestinais em caprinos ocorre durante todo o ano, com picos em fevereiro, abril, junho e outubro.

Aconselha-se, além de um bom manejo, tratamentos a cada 60 dias. Quanto à medicação administrada,

* OPG = Contagem de ovos por grama de fezes.

estudos ainda não muito conclusivos indicam que as doses de anti-helmínticos utilizadas em caprinos deveriam ser o dobro das doses indicadas para ovinos devido a diferenças existentes no metabolismo das duas espécies animais.

Eqüinos

Eqüinos, parasitas e pasto também constituem um sistema inter-relacionado que tenta perpetuar a infecção parasitária no animal e no solo. Com calor e umidade, as larvas que eclodem dos ovos no pasto estarão prontas para serem ingeridas com o capim e cabe a nós quebrar esse ciclo. Em eqüinos, a persistência da infecção é contínua, pois o eqüino não adquire resistência ao parasitismo interno à medida que se torna mais velho.

Ao se adquirir um cavalo novo na propriedade, podemos estar adquirindo também novos parasitas. Mesmo que o eqüino tenha sido recentemente vermifugado e os vermes adultos eliminados, numerosas larvas de vermes podem ficar migrando pelos tecidos dos órgãos e também permanecer dentro da mucosa das paredes intestinais. Isso ocorre se forem utilizadas drogas que não tenham efeito sobre essas larvas e, em pouco tempo, elas serão os novos parasitas adultos e espoliadores do animal.

De uma maneira geral, o eqüino inicia sua vida parasitado pelo *Strongyloides westeri* e o declínio parasitário desse verme ocorre por volta do 7º mês de idade. Aos 3 meses inicia o parasitismo pelo *Parascaris equorum*, decrescendo por volta dos 9 meses de idade.

Aos 4 meses inicia o parasitismo pelos pequenos estrongilídeos (*Cyathostominae*), compostos por mais de 30 espécies de pequenos nematódeos e aos 6 meses o parasitismo pelos grandes estrongilídeos, como o *Strongylus vulgaris* e *S. edentatus*, não havendo declínio natural desses tipos de parasitismo.

Raramente é encontrado um eqüino que não esteja parasitado por pequenos estrongilídeos cuja característica é estar presente em grande número no ceco e intestino grosso. Alguns sugam sangue e outros causam nódulos e destruição das paredes intestinais. Ao contrário dos grandes estrongilídeos, os pequenos estrongilídeos não migram pelo organismo, fazendo seu ciclo todo dentro da mucosa intestinal. Já o *Strongylus spp.*, devido a fase de migração das larvas através dos vasos mesentéricos, causa fortes cólicas, chegando, inclusive, a causar a morte dos animais.

O estômago do eqüino também é parasitado por larvas de moscas chamadas de *Gasterophilus spp*. A mosca adulta deposita seus ovos nos pêlos da região dos joelhos e, ao se lamber, o cavalo se infesta com o parasita. As larvas dessa mosca migram pela mucosa oral provocando lesões traumáticas e tornando a mastigação deficiente. Após um mês as larvas se fixam na mucosa gástrica. Uma grande infestação pode levar à formação de úlceras e perfurações do estômago.

O programa de controle parasitário em eqüinos também deve ser voltado à prevenção da infecção pelos mesmos motivos vistos nos bovinos. As piores infecções verminóticas em eqüinos ocorrem durante o período seco do ano (inverno) porque houve ingestão de larvas através da pastagem durante o período chuvoso anterior. Durante esse período, a maioria das larvas depositadas no solo se desenvolverá, tornando o pasto altamente contaminado e perigoso aos eqüinos, principalmente aos animais jovens. Em éguas prenhas, especialmente na época do parto, ocorre aumento na contagem de OPG, aumentando ainda mais a contaminação do solo.

A utilização da droga certa é muito importante para reduzir o máximo possível o parasitismo no haras e em propriedades rurais que mantêm eqüinos para o trabalho. Além do emprego de drogas anti-helmínticas, a higiene tem grande importância na prevenção do parasitismo. A remoção diária das fezes de animais estabulados e semiconfinados é muito importante para que não haja desenvolvimento do parasita no solo e, conseqüentemente, reinfecção dos animais. Proporcionar uma boa insolação às instalações, rotação de pastagens, evitar criar animais jovens no mesmo pasto que adultos são práticas importantes no manejo de eqüinos, e talvez a mais importante esteja relacionada à aquisição de novos animais. Todo animal novo adquirido deve ser vermifugado antes de entrar na propriedade, evitando a entrada de novos parasitas no pasto.

Segundo trabalhos experimentais realizados no país, os potros devem ser tratados a partir da oitava semana de vida e, depois disso, a cada 60 dias. Em dois desses tratamentos, por volta de abril e outubro, sugere-se o uso de anti-helmínticos que contenham na fórmula drogas de ação ectoparasiticida (avermectinas ou fosforados), para enfrentar infestações por *Gasterophilus spp.* e por *Habronema spp.* (um verme do estômago de eqüinos que tem as moscas como hospedeiro intermediário). As larvas do *Habronema spp.* são transmitidas por ocasião da ingestão de moscas ou podem ser depositadas nas cavidades oral e nasal e então ser deglutidas. É comum também ocorrer a transmissão através de feridas cutâneas, criadas pela atividade dessas larvas nas feridas e difíceis de curar.

Os produtos do mercado mais facilmente administrados aos cavalos são aqueles em forma de pasta, pois já vêm prontos para o uso em seringas dosadoras próprias.

As drogas mais utilizadas no controle de nematódeos de eqüinos são o fenbendazole, oxibendazole, mebendazole, piperazina e pamoato de pirantel, sós ou associados ao triclorfon (nos casos de ectoparasitas), e as avermectinas que, sozinhas, controlam nematódeos e ectoparasitas. Nos casos de aquisição de novos animais, produtos da família dos benzimidazóis são os mais aconselhados, pois são também ovicidas, não permitindo que ovos viáveis sejam depositados no solo.

Em estudos mais recentes, têm se observado o aumento do parasitismo por tênias (cestódeos) em eqüinos no Brasil. Seu controle pode ser feito com drogas que são eficazes no controle de cestódeos. Entre elas temos o mebendazole, fenbendazole, albendazole, oxifendazole, pamoato de pirantel, niclosamida e praziquantel.

De acordo com trabalhos experimentais nacionais e internacionais e com nossa própria experiência, os anti-helmínticos da família dos benzimidazóis (fenbendazole, oxibendazole e mebendazole) já não possuem boa eficácia sobre pequenos estrongilídeos de eqüinos, quando administrados sozinhos. É necessário o uso de combinações com outras drogas, como o triclorfon ou neguvon (fosforado de ação ectoparasiticida). Para os demais nematódeos eles ainda são bastante eficientes. A piperazina sozinha tem boa eficácia sobre pequenos estrongilídeos, melhor ainda quando em combinações; entretanto, sua eficácia em grandes estrongilídeos e ou-

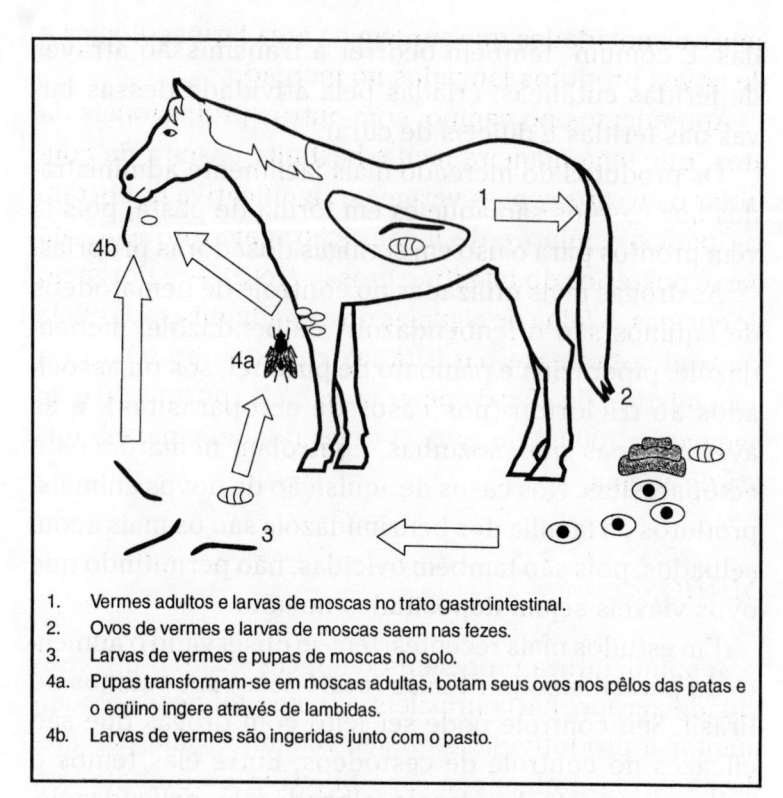

Fig. 8 — Ciclo dos parasitas em eqüinos.

1. Vermes adultos e larvas de moscas no trato gastrointestinal.
2. Ovos de vermes e larvas de moscas saem nas fezes.
3. Larvas de vermes e pupas de moscas no solo.
4a. Pupas transformam-se em moscas adultas, botam seus ovos nos pêlos das patas e o eqüino ingere através de lambidas.
4b. Larvas de vermes são ingeridas junto com o pasto.

tros vermes é pequena. As avermectinas ainda têm boa eficácia sobre todos os nematódeos e ectoparasitas de eqüinos, porém não são efetivas sobre tênias e não são ovicidas.

É bom lembrar que os pequenos estrongilídeos de eqüinos são vermes que facilmente adquirem resistência aos vermífugos e após um certo tempo de uso de uma mesma droga os efeitos de eficácia podem não ser os mesmos. É importante manter contato e troca de informações com o médico veterinário que dá assistência à criação porque, geralmente, ele se mantém informado sobre as novidades que surgem na área farmacológica e de novos produtos lançados no mercado.

Aprendemos no campo, com outros profissionais da área, que uma maneira fácil e bastante caseira de controlar o *Oxyuris spp.* — verme de significativa importância para o eqüino e de localização mais freqüente na parte posterior do intestino grosso (reto) — é por meio de enemas. A falha de algumas drogas administradas pela via oral sobre esse parasita faz com que se recorra a uma mistura de 10 g de piperazina base (pura) + 10 g de neguvon + 200 ml de água, 3 vezes por semana, em forma de enema.

Suínos

A suinocultura representa um forte segmento na atividade agropecuária brasileira e como tal necessita aumentar a produtividade do seu rebanho. Uma das medidas para se alcançar esse objetivo é combater os parasitas internos, responsáveis por sérios prejuízos em uma criação.

Nas modernas criações de suínos o confinamento em baias com piso de cimento é o mais empregado. Esse tipo de piso tem a vantagem de impedir a reprodução de muitas espécies de vermes. No entanto, se não houver um controle sanitário satisfatório algum parasitismo pode ser veiculado, tanto pelo ambiente como pela transmissão placentária e pelo leite materno.

A maior perda visível provocada por parasitas internos nos suínos é encontrada nos fígados de animais abatidos. As manchas esbranquiçadas que se observam nesses órgãos são causadas pelas larvas de *Ascaris suum*

Foto 16 — Fezes de suínos com Ascaris suum, *logo após o tratamento anti-helmíntico.*

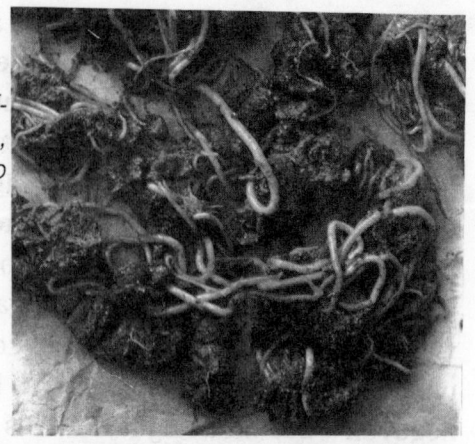

durante a sua fase larval e migratória. Esses fígados são considerados impróprios para consumo e, portanto, condenados pela inspeção nos matadouros.

As larvas do verme *Oesophagostomum spp.* passam parte de sua vida enterradas dentro das paredes do intestino grosso, formando nódulos. Além da espoliação que esse parasita causa no suíno, a formação desses nódulos inutiliza o uso dos intestinos na fabricação de embalagens para embutidos.

Para evitar esses danos e perdas de produtividade, o uso de vermífugos na suinocultura tornou-se indispensável, tanto nas integrações como em criações de animais soltos. Nas integrações o uso de anti-helmínticos na ração durante alguns dias ou mesmo em uso contínuo é comum: em pequenas doses diárias e com custos relativamente baixos pratica-se um eficiente controle parasitário.

Drogas da família dos benzimidazóis são as mais utilizadas na suinocultura por serem de administração oral e bastante estáveis quando misturadas à ração. As avermectinas também estão sendo utilizadas, tanto na forma oral, misturadas à ração, como na forma injetável.

O emprego dessas drogas pela via injetável é mais voltado ao controle da sarna, muito comum no suíno.

De uma maneira geral, os tratamentos nos suínos adultos podem ser realizados duas vezes ao ano. Nas fêmeas, é aconselhável um tratamento antes da cobertura ou no final da gestação. Essa prática previne a infecção dos animais recém-nascidos de porcas parasitadas. Assim como em outras espécies animais, porcas gestantes e em lactação têm sua imunidade diminuída, ficando vulneráveis ao parasitismo. Na fase do pós-parto ocorre um aumento da produção de ovos pelos vermes, servindo de importante meio de infecção ambiental para os leitões.

Em leitões criados confinados, o primeiro tratamento pode ser realizado aos 60 dias de idade, e naqueles criados soltos, um tratamento aos 30 dias já é recomendado devido ao contato direto com a terra.

Para suínos confinados, no período de terminação, também são indicados tratamentos e maiores cuidados quanto à verminose. Se houver falhas na limpeza das baias e vários animais habitarem um mesmo local, a possibilidade de infecção será maior. A higiene ambiental é também de grande importância na transmissão da verminose em suínos. Ambientes limpos e remoção diária das fezes, somados aos tratamentos com anti-helmínticos, são fatores indispensáveis numa criação.

Uma parasitose de importância na saúde pública é a *Taenia solium*, cestódeo parasita do homem, que faz uma etapa do seu ciclo no suíno.

O homem elimina os ovos dessa tênia pelas fezes, contaminando o ambiente. O suíno (hospedeiro intermediário) ingere esses ovos e no seu organismo eles se transformam em larvas cisticerco ou *Cysticercus cellulosae* alojando-se em determinados músculos, principalmente no coração, língua e músculos mastigadores. Quando consome carne suína não-inspecionada e malpassada, o homem ingere esse cisticerco, também chamado de "pipoca" ou "canjica", que fixa-se nos intestinos e desenvolve-se em tênia adulta.

Cães e gatos

Cães e gatos são facilmente parasitados por vermes. Entretanto, se regularmente levados ao veterinário, tratados com vermífugos e submetidos a um bom controle sanitário, o parasitismo pode ser evitado, e o animal viver para o resto de sua vida sem passar por problemas de verminose e sem riscos de infectar os humanos por agentes de zoonoses (doenças naturalmente transmitidas entre homens e animais).

Quando também submetidos a uma boa nutrição e vacinação, esses animais não trazem perigo algum aos humanos. Quando se ouve falar que cães podem transmitir doenças ao homem, geralmente trata-se de cães sem donos ou aqueles que, mesmo tendo dono, vivem na rua, sem o devido controle sanitário e nutricional. O homem, sim, é o maior transmissor de doenças ao próprio homem e muitas vezes o faz conscientemente: um animal, se o faz, é sem intenção, ou melhor, porque o homem não impediu que o fizesse. Todos nós que possuímos animais e gostamos deles, tanto por companhia como por trabalho, temos o dever de mantê-los livres de doenças, bem nutridos e higiênicos.

As principais doenças que requerem cuidados especiais quanto ao contágio humano (zoonoses) são a raiva, que pode também ser transmitida pelos cães e gatos, e a toxoplasmose que pode ser transmitida pelo gato. A toxocaríase em humanos (larva *migrans visceral*), provocada pelo verme *Toxocara canis*, embora de prevalência muito pequena, deve também ser prevenida para se evitar o contágio de crianças. Esse verme pertence à família dos áscaris (*Ascaridae*) ou também popularmente chamados de lombriga. São de coloração branca e têm de 5 a 15 cm de comprimento. Raramente são encontrados filhotes de cães que *não* estejam parasitados por esse verme, pois sua transmissão se dá também pela via placentária (o animal já nasce parasitado) e pela via mamária (o animal se infecta ao mamar), no caso de as fêmeas estarem parasitadas durante a gestação. Felizmente o ciclo de vida desse parasita tem um período longo de desenvolvimento do ovo até a fase de infecção (larva infectante), aproximadamente 30 dias. Esse tempo é suficiente para que os ovos sejam eliminados dos locais por onde passam e vivem os animais de estimação. Outra vantagem é que praticamente todos os vermífugos são eficazes contra esse parasita. O contato direto de crianças com cães parasitados também não oferece perigo, pois como dissemos anteriormente, para causar infecção, os ovos devem permanecer no ambiente por 30 dias e, onde se pratica uma higiene constante, não há riscos de contaminações. Cuidados especiais devem ser tomados em *playgrounds* de praças públicas por onde perambulam cães sem donos e a higienização é difícil.

Ectoparasitas, por exemplo, como a pulga do cão (*Ctenocephalides canis*) e do gato (*Ctenocephalides felis*), e a sarna canina não afetam aos humanos. Ocasionalmente uma ou outra pulga do animal pode nos picar; entretanto, ela não sobreviveria parasitando humanos.

Mas nosso assunto aqui é sobre vermes e não sobre pulgas, embora elas também sejam transmissoras de cestódeos (tênias) em cães, como veremos adiante.

Na tabela 4 (p. 31) apresentamos os principais helmintos de cães e gatos, local em que se alojam e os principais sintomas quando presentes no trato gastrointestinal. Não entraremos em maiores detalhes sobre cada espécie de parasitas porque não é esse o nosso objetivo neste guia, mas conhecendo um pouco do ciclo desses parasitas teremos maiores condições de combatê-los.

Como em outras espécies, a prevenção da verminose é indispensável.

Até o momento, tratamos com parasitas que se disseminam nas pastagens e por intermédio delas penetram no organismo do animal, salvo algumas exceções. Cães e gatos, entretanto, podem se infectar no piso de cimento da nossa casa e da rua, na grama e até mesmo no carpete ou tapete da sala. As infecções também ocorrem via placentária e via leite materno, e ainda pelas pulgas.

As infecções por vermes ocorrem nas seguintes situações:

- **Via oral**: O animal se infecta ingerindo larvas no solo, que podem estar no capim, numa folha ressecada no chão, em um grão de areia, em uma fibra de carpete, nos pisos, nos panos, etc.
- **Via cutânea**: A larva que fica ativa no solo à espera do seu hospedeiro penetra pela pele dos dedos das patas e, via sangüínea, vai para os intestinos, onde se transforma em adulta.

- **Via placentária e mamária:** Larvas migratórias, aquelas que viajam pelos tecidos do organismo de fêmeas gestantes não vermifugadas, vão para o útero e lá penetram no feto. O animalzinho, ao nascer, já vem parasitado. O mesmo ocorre com o leite. A larva passa para as glândulas mamárias da fêmea em lactação, infectando os recém-nascidos pela amamentação.
- **Via ingestão de hospedeiros intermediários:** É comum os cães e gatos ingerirem insetos e pequenos mamíferos. Esses "petiscos" muitas vezes vêm infectados por larvas de vermes que fazem uma etapa do seu ciclo nesses hospedeiros intermediários. Dessa forma, as larvas atingem o trato gastrointestinal dos nossos animais, iniciando um novo ciclo parasitário.

O ciclo dos parasitas internos de cães e gatos é parecido com o de outros animais. No entanto, algumas particularidades são observadas nas diferentes espécies de parasitas, e levá-las em consideração pode auxiliar no controle e na prevenção da verminose de cães e gatos.

De uma maneira geral, a larva do verme penetra no organismo dos animais pelas vias já mencionadas, com o objetivo de alcançar o trato gastrointestinal. É nos intestinos que esses vermes atingem a maturidade sexual. Seus ovos são depositados e misturados ao bolo fecal e, pelas fezes, são levados ao solo. O bolo fecal é espalhado no solo pelas chuvas, insetos e besouros e, com temperatura e umidade ideais necessárias para seu desenvolvimento, os ovos eclodem transformando-se em larvas infectantes que reiniciam um novo ciclo parasitário.

Os nematódeos ou vermes redondos como o *Ancylostoma spp.*, *Toxocara spp.* e *Toxascaris leonina* são parasitas que fazem ciclo de vida direto, sem utilizar hospedeiros intermediários, embora ocasionalmente o *Toxocara spp.* possa ser encontrado na forma hipobiótica em pequenos mamíferos e aves. Nesses casos, os nematódeos ao serem ingeridos pelos cães ou gatos, transmitem o parasita.

Os cestódeos (tênias) utilizam hospedeiros intermediários para completarem seu ciclo. O *Dipylidium caninum*, o cestódeo mais comum nos cães, utiliza a pulga do cão e do gato como hospedeiro intermediário. As larvas de pulgas ingerem os ovos desses vermes que se encontram presos aos pêlos, pele dos animais e mesmo no solo. Esses ovos desenvolvem-se em larvas dentro das pulgas e estas são ingeridas pelos cães e gatos ao se coçarem com os dentes e se lamberem na hora da higiene. Uma vez deglutidas, essas larvas de cestódeos vão seguir seu desenvolvimento nos intestinos dos hospedeiros, perpetuando seu ciclo de vida.

O controle da pulga é de extrema importância no cão e no gato. De nada adianta tratar os animais com vermífugos que controlam as tênias se não se combatem as pulgas. Dentro de poucos dias após o tratamento anti-helmíntico um novo parasitismo ocorrerá e se responsabilizará equivocadamente o produto. Portanto, sempre que se vermifugar um cão ou gato é preciso combater também as pulgas.

Outros cestódeos de importância em cães e gatos são aqueles que utilizam principalmente bovinos e ovinos como hospedeiros intermediários, ou o próprio homem. É o caso da *Taenia hydatigena*, do *Echinococcus granulosus* e outros. Essas tênias ou cestódeos são parasitas definitivos de cães e gatos mas têm parte do seu ciclo desenvolvido em bovinos e ovinos.

Após os ovos dessas tênias serem deglutidos pelos ruminantes, com o capim contaminado pelas fezes de cães, eles se desenvolvem em larvas que ficam "encapsuladas" nos músculos, fígado, rins e pulmões dos bovinos e ovinos. Quando esses ruminantes são abatidos nas fazendas e os órgãos contaminados, ingeridos crus pelos cães e gatos, as larvas passam para seus intestinos, perpetuando o ciclo.

Se não se parar de fornecer vísceras cruas aos cães e gatos nas fazendas, a infecção por vermes será constante e de grande perigo à saúde pública. A conscientização desses perigos é muito importante e é nosso dever divulgar esses conhecimentos.

Há no mercado produtos anti-helmínticos para uso em cães e gatos que contêm em suas formulações dro-

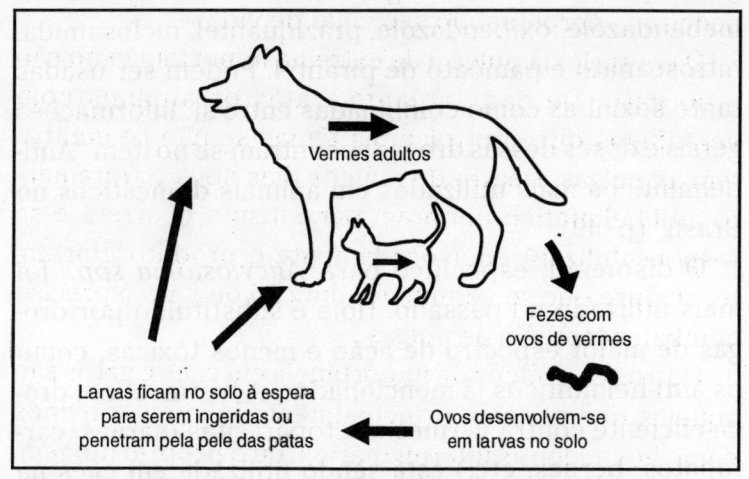

Fig. 9 — Ciclo de vida dos nematódeos em cães e gatos.

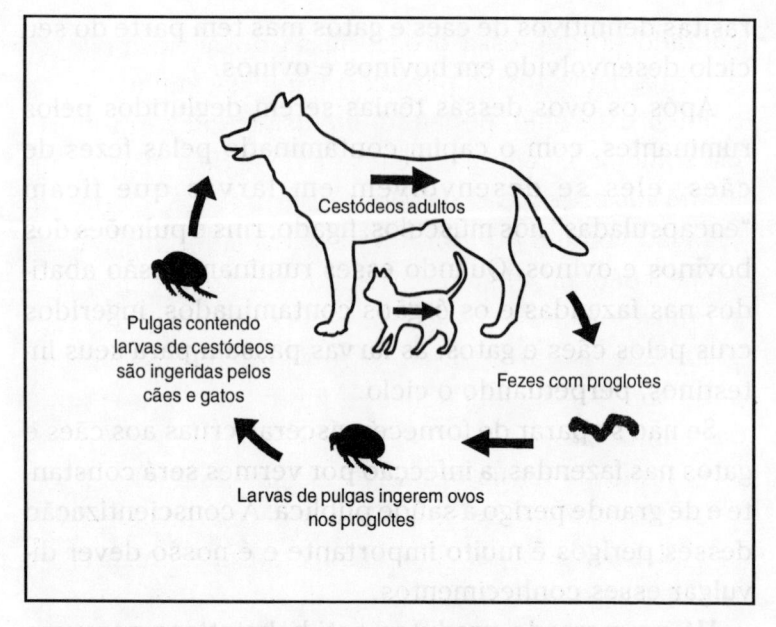

Fig. 10 — Ciclo de vida dos cestódeos em cães e gatos (Dipylidium caninum).

gas muito eficazes e seguras, como fenbendazole, mebendazole, oxibendazole, praziquantel, niclosamida, nitroscanato e pamoato de pirantel. Podem ser usadas tanto sozinhas como combinadas entre si. Informações gerais e doses dessas drogas encontram-se no item "Anti-helmínticos mais utilizados em animais domésticos no Brasil" (p. 49).

O disofenol, específico para *Ancylostoma spp.*, foi mais utilizado no passado. Hoje é substituído por drogas de maior espectro de ação e menos tóxicas, como os anti-helmínticos já mencionados. A ivermectina, droga eficiente contra vermes e ectoparasitas (sarnas, carrapatos, bernes, etc.) está sendo utilizada em cães na formulação para bovinos (200 mcg/kg). É preciso muito cuidado porque essa droga, nessa dosagem, pode ser extremamente tóxica para certas raças caninas, principalmente a collie, podendo, inclusive, causar a morte. Ela somente é segura em cães na dose de 6 mcg/kg, utilizada na prevenção da *Dirofilaria immitis*, verme do coração comum no litoral. Por outro lado, nessa dosagem ela não tem efeito contra endo e ectoparasitas mais comuns dos cães.

Em cães e gatos, o uso regular de anti-helmínticos pode ser feito a cada 4 meses, junto com outras medidas sanitárias:

- Retirada diária das fezes espalhadas pelo chão e gramados. Não se pode esquecer que é através delas que os parasitas reinfectam os animais e perpetuam seu ciclo. Mesmo que os tratamentos sejam realizados, a prática regular da retirada das fezes do solo é importante na higiene ambiental e dos animais.
- Lavagens de pisos e paredes com desinfetantes à base de cloro. O produto melhor e mais econômico é a água sanitária. Mesmo que o bolo fecal tenha sido retirado, alguns ovos de vermes podem permanecer no solo. As lavagens destruirão esses ovos e larvas.
- Manter seco e, de preferência, ensolarado o ambiente onde os animais vivem. Sol e clima seco são inimigos dos vermes e de seus ovos.
- Combater as pulgas, tanto no animal como no ambiente. Considera-se como ambiente todos os lugares por onde os animais andam, descansam, brincam e dormem. Gramados, pisos de cimento, pisos de madeira, carpetes e tapetes, casinhas de cachorros, cestos, panos, etc. devem ser regular-

mente lavados e pulverizados com inseticidas. Produtos bons e muito eficientes para esta prática são os carrapaticidas de pulverização para bovinos à base de *piretróides*. Não são substâncias tóxicas, sendo apenas um pouco irritantes à pele e mucosas, tanto dos animais como à nossa. Por isso seu manuseio deve ser com o uso de luvas de borracha e a diluição pode ser a mesma indicada nas bulas. Para uso sobre os animais, tanto *sprays* quanto xampus, os melhores produtos são os que contêm piretróides, amitraz, fosforados, fipronil, imidaclorid, lufenuron, etc., na formulação.

- Fornecer sempre alimentação nutritiva e completa. Animais famintos e subnutridos geralmente comem porcarias como baratas, besouros, ratos, etc. que podem ser vetores de parasitas (hospedeiros intermediários).

Como se vê, a higiene é muito importante para evitar a transmissão dos vermes. O Brasil tem um clima ideal para o desenvolvimento de parasitas. Medidas profiláticas devem ser adotadas para o combate às verminoses e esse combate deve abranger ruminantes, eqüinos, suínos, aves, pequenos animais e nós, humanos.

Está aumentando o número de carcaças bovinas condenadas por cisticercose pelos serviços de inspeção nos frigoríficos do Brasil e isso já se torna um problema de saúde pública.

Cisticerco, cisticercose ou *Cysticercus bovis* é a larva da tênia humana (*Taenia saginata*) que faz uma etapa do seu ciclo no bovino, sendo encontrada nos seus músculos (cardíaco, masseteres, diafragma e língua), pulmões e fígado. A transmissão no homem se dá via ingestão dessas larvas pela carne bovina crua ou malpassada. Ao atingir os intestinos, um novo parasitismo é iniciado. O homem infectado defeca os proglotes com ovos de tênia, tanto no solo como nos rios e esses ovos são ingeridos pelos bovinos, durante o pastejo. No seu organismo estes ovos desenvolvem-se em cisticercos.

Infelizmente ainda existem seres humanos que, por ignorância ou falta de orientação, são parasitados e não

Homem ingere carnes cruas ou malpassadas com larvas de tênias

Homem defeca proglotes com ovos de tênia

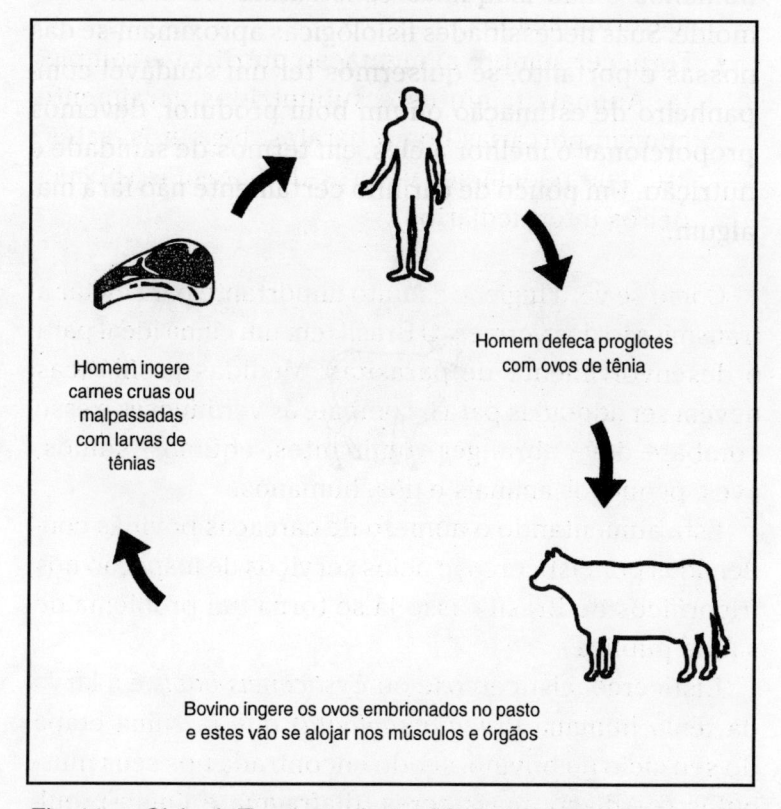

Bovino ingere os ovos embrionados no pasto e estes vão se alojar nos músculos e órgãos

Fig. 11 — Ciclo da Taenia saginata *(tênia do homem).*

se dão conta disso. Não se tratam nem evitam o contágio dos seus semelhantes.

Na área veterinária não podemos permitir que o mesmo ocorra com os nossos animais e muito menos ainda que esses nossos "pacientes" sejam vetores de parasitas ao próprio homem.

Cabe a cada um de nós tentar levar essas informações adiante e mostrar como é fácil prevenir e curar o parasitismo.

Lembremo-nos também que os animais, tanto produtores como de estimação, são seres biológicos como nós humanos e não máquinas construídas de um mesmo molde. Suas necessidades fisiológicas aproximam-se das nossas e portanto, se quisermos ter um saudável companheiro de estimação ou um bom produtor, devemos proporcionar o melhor a eles, em termos de sanidade e nutrição. Um pouco de carinho certamente não fará mal algum.

Bibliografia consultada

Alimentacion de los ruminantes — Institut National de la Recherche Agronomique. Madri, Ediciones Mundi-Prensa, 1981.

ALVES BRANCO, F.P.J. & PINHEIRO, A. C. "Controle integrado: nova estratégia para o controle do complexo carrapato/tristeza parasitária bovina e helmintoses dos bovinos no RS". 1º Simpósio sobre Controle de Parasitos, Cati, Campinas. 29 e 30 de agosto de 1996.

ARMOUR, J. "An approach to the epidemiology of helminthiasis in grazing ruminants". *Review Paper*, 1982.

ARMOUR, J. "The epidemiology of helminth disease in farm animals". *Veterinary Parasitology*, 6(1-3); 7-46, 1980.

ARMOUR, J. & Bogan, J. "Diagnostic and therapeutic check lists — anthelmintics for ruminants". *Brazilian Veterinary Journal*, 138,371, 1982.

BARR, S.C. et al. "Efficacy of albendazole against giardiasis in dogs". *American Journal Veterinary Research*, 54(6), 1993.

BARR, S.C. et al. "Efficacy of fenbendazole against giardiasis in dogs". *American Journal Veterinary Research*, 55 (7), 1994.

BIANCHIN, I. "Controles estratégicos dos helmintos gastrintestinais em bovinos de corte no Brasil". *A Hora Veterinária*, 39: 49-53, 1987.

BIANCHIN, I. "Epidemiologia e controle de helmintoses gastrintestinais em bezerros a partir da desmama em pastagem melhorada, em clima tropical do Brasil". Tese de Doutorado apresentada à UFRRJ. Rio de Janeiro. 162 p., 1991.

BIANCHIN, I. & GOMES, A. "Ecologia e sobrevivência de ovos e larvas de nematódeos gastrintestinais em bovinos de corte em pastagens".

In: 18º Congresso Brasileiro de Medicina Veterinária, Camboriú, 1982. *Resumos*. Florianópolis SBMV/SOMEVES, 157 p., 1982.

BIANCHIN, I. & HONER, M.R. "Helminths parasites of beef cattle in the cerrado region of Brasil". *Tropical Animal Health and Production*, 19(1): 39-45, 1987.

BIANCHIN, I. & HONER, M.R. & NASCIMENTO, Y.A. "The epidemiology of helminths in Nelore beef cattle in the cerrados of Brasil". In: 16º World Buiatrics Congress, 6º Latin-American Buiatrics Congress. Proceedings of the symposium: epidemiology of bovine nematode parasites in the Americas, 41-47, Salvador, Bahia, 1990.

BIANCHIN, I. & HONER, M.R. & NUNES, S.G. & NASCIMENTO, Y.A. "Avaliação de diversos esquemas de tratamento com anti-helmínticos em relação a duas cargas de pastejo". In: 20º Congresso Brasileiro de Medicina Veterinária, SBMV, Cuiabá, MT. *Anais*, 50p., 1986.

BIANCHIN, I. & MELO, H.J.H. "Epidemiologia e controle de helmintos gastrintestinais em bovinos de corte nos cerrados: Embrapa-CNPGC". Campo Grande, *Circular Técnica*, nº 16, 2ª ed.60p., 1985.

BOWMAN, D. D. "Anti-helmínticos eficazes contra nematóides e cestóides de cães e gatos". *Revista Cães e Gatos*, nº 40, 1992.

BRADLEY, R.E. "Levamisole resinate as a *Dirofilaria immitis* microfilaricide in dogs". *Journal of the American Veterinay Medical Association*, nº 3, 169 p., 1976.

BRAGA, R.M. "Desenvolvimento e sobrevivência de ovos e larvas de nematódeos gastrintestinais de bovinos, sob condições naturais". Dissertação de Mestrado apresentada à UFRRJ, Rio de Janeiro, 1980.

BRANDER, G.C. & PUGH, D.M. *Veterinary Applied Pharmacology & Therapeutics*. 5ª e 6ª edição. Londres, Bailliere Tindall.

BURKE, T.M. et al. "Critical studies of fenbendazole suspension (10%) against naturally occurring helminth infections in dogs". *American Journal Veterinary Research*, 39, (11), 1978.

CAMPOS PEREIRA, M. & KOHEK Jr, I. & CAMPOS, R. & LIMA, S.B. & FOZ, R.P.P. "A field evaluation of anthelmintics for control of cyathostomes of horses in Brazil". *Veterinary Parasitology*, 38 : 121-129, 1991.

CAMPOS PEREIRA, M. & KOHEK Jr., I. "Avaliação da eficácia de ivermectina injetável da tortuga no controle da sarna sarcóptica dos suínos". *Revista Brasileira de Parasitologia Veterinária* (submetido à publicação).

CATO, J.B. "Aspectos epidemiológicos das nematodioses gastrintestinais em bezerros zebus no Pantanal de Mato Grosso". Dissertação de Mestrado apresentada à Faculdade de Medicina Veterinária da UFRGS, Porto Alegre, 1979.

CATO, J.B. "Desenvolvimento e sobrevivência de larvas infectantes de nematódeos gastrintestinais de bovinos, durante a estação seca, no Pantanal Mato-grossense". *Pesquisa Agropecuária Brasileira*, 17(6): 923-927, 1982.

CATO, J.B. & UENO, H. "Nematodioses gastrintestinais em bezerros zebu do Pantanal Mato-grossense. I - Prevalência, intensidade de infecção e variação estacional". *Pesquisa Agropecuária Brasileira*, 16(1):126-140, 1981.

CHURCH, C.D. *El ruminante, fisiologia digestiva y nutricion*. Zaragoza, Editora Acribia, 1993.

CIORDIA, H. "Anthelmintic efficacy of febantel against gastrintestinal helminths in calves. *American Journal Veterinary Research*, 43, (12), 1982.

"Considerações básicas para um programa de controle estratégico da verminose bovina em gado de corte no Brasil" — Embrapa — CNPGC, Campo Grande, MS, nº 20, junho 1987.

CORWIN, R.M. et al. Lungworm (*Filaroides milksi*) infection in a dog. *Journal of the American Veterinary Medical Association*, 165, nº 2, 1974.

CROWLEY, J.W. et al. "Efficacy of oxibendazole against adult and larval nematodes of cattle". *American Journal Veterinary Research*, 37, (11), 1976.

DARKE, P.G.G. "Use of levamisole in the treatment of parasitic tracheobronchitis in the dog". *The Veterinary Record*, 99(15): 293-294, 1976.

DIPIETRO, J.A. et al. "Fenbendazole and fenbendazole-piperazine mixtures in horses". *Equine practice*, 4, (7), 1982.

DONALD, A.D. "New methods of drug application for control of helminths". *Veterinary Parasitology*, 18: 121-137, 1985.

DUNCAN, J.L. "The anthelmintic treatment of horses". *The Veterinary Record*, 98: 233-235, 1976.

ECHEVARRIA, F.A.M. "Estratégias de controle da verminose em ovinos — como driblar o problema da resistência". 1º Simpósio sobre Controle de Parasitos, Cati, Campinas. 29 e 30 de agosto de 1996.

Epidemiologia dos nematódeos gastrintestinais em bovinos de corte nos cerrados e o controle estratégico no Brasil — Embrapa — CNPGC, Campo Grande, MS, nº 24, junho 1993.

FORTES E. *Parasitologia veterinária*. Porto Alegre, Editora Sulina. 1987.

FURLONG, J. & ABREU, H.G.L. & VERNEQUE, R.S. "Parasitoses dos bovinos na Região da Mata de Minas Gerais. I. Comportamento estacional de nematódeos gastrintestinais". *Pesquisa Agropecuária Brasileira*, 29(1):143-153, 1985.

GEMMELL, M.A. & JOHNSTONE, P.D. & OUDEMANS, G. "The effect of Niclosamide on *Echinococcus granulosus*, *Taenia hydatigena* and *Taenia ovis* infections in dogs". *Research in Veterinary Science*, 22: 389-391, 1977.

GENNARI, S.M. & KASAI, N. "Atividade anti-helmíntica de uma solução injetável de levamisol e de uma suspensão oral de fenbendazole e praziquantel em cães naturalmente parasitados". (Depto. de Medicina Veterinária Preventiva e Saúde Animal da Faculdade de Medicina Veterinária e Zootecnia da USP), *Revista Brasileira de Medicina Veterinária*, 1997 (submetido à publicação).

GERMANO, P.M.I. & OGASSAWARA, S. "Gastroenterites parasitárias dos cães e gatos". *A Hora Veterinária*, ano 6, nº 31, 1986.

GOMES, T.L.S. et al. "Pesquisa sobre a incidência de tênias em eqüídeos". *A Hora Veterinária*, ano 16, nº 95, 1997.

GUIMARÃES, M.P. "Variação estacional de larvas infectantes de nematódeos parasitas de bovinos em pastagem de cerrado de Sete Lagoas, MG". *Arquivos da Escola de Veterinária da UFMG*, 24:97-113, 1972.

HERD, R.P. "A new look at equine worm control". Proceedings of the thirty third annual convention of the American Association of equine practitioners. New Orleans, nov-dec. 1987.

HOLMES, C. W. & WILSON, G.F. *Milk production from pasture*. Instituto Campineiro de Ensino Agrícola. Campinas, 1990.

HONER, M.R. & BIANCHIN, I. "Verminose eqüina: sugestões para um melhor controle em animais em fazenda". Embrapa-CNPGC-Campo Grande, MS, *Comunicado Técnico* nº 28,1988.

KAGERUKA, P. et al. "Contribution a la connaissance de láctivite anthelmintique du tetramisole chez les carnivores sauvages". *Acta Zoologica et Pathologica Antuerpiensia*. nº 44: 101-117, 1967.

KELLY, J.D. *Canine parasitology, Veterinary review*, Department of Veterinary Pathology, University of Sydney, nº 17, 1977.

KELLY, J.D. & BAIN, S.A. "Critical test evaluation of micronized mebendazole against *Anoplocephala perfoliata* in the horse". *New Zealand Veterinary Journal*, nº 23, 229 p., 1975.

KOHEK Jr., I. & OBA, M.S.P. & HORTA, G.A. "Avaliação de um novo método de administração e da eficácia de um anti-helmíntico em ovinos". *A Hora Veterinária*. Ano 5, nº 30, 1986.

LEITE, A.C.R. & GUIMARÃES, M.P. & COSTA, J.O. & COSTA, H.M.A. & LIMA, W.S. "Curso natural das infecções helmínticas gastrintestinais em bezerros". *Pesquisa Agropecuária Brasileira*, 16(6):891-894, 1981.

LIMA, J.D. "Parasitos de cães e gatos no Brasil". *A Hora Veterinária*, Ano 4, nº 24, 1985.

LLOYD, S. & SOULSBY, E.J.L. "Albendazole treatment of *Taenia saginata* in calves". *Helminthologia*, 21:169-175, 1984.

LLOYD, S. & SOULSBY, E.J.L. & THEODORIDES, V.J. "Effect of Albendazole on the Metacestodes of *Taenia saginata* in calves". *Experientia*, nº34. 723 p., 1978.

MACIEL, F.C. "Epidemiologia de helmintos gastrintestinais em bovinos de corte na região de Porto Velho, Rondônia". *Comunicado Técnico* nº 6. Porto Velho, Embrapa-UEPAE, 23 p., 1979.

MARRINER, S. "Anthelmintic drugs". *Veterinary Record*, (118): 181-184, 1986.

MELO, H.J.H. "População de larvas infectantes de nematódeos gastrintestinais de bovinos nas pastagens, durante a seca, em zona de cerrado do sul de Mato Grosso". *Arquivos da Escola de Veterinária da UFMG*, 29(1): 89-95, 1977.

MELO, H.J.H. & BIANCHIN, I. "Estudos epidemiológicos de infecções por nematódeos gastrintestinais de bovinos de corte em zona de cerrado de Mato Grosso". *Pesquisa Agropecuária Brasileira*, 12:205-216, 1977.

MEYER JONES, L. & BOOTH N. H. & McDONALD L. E. *Farmacologia e terapêutica em veterinária*. Rio de Janeiro, Editora Guanabara/Koogan. 4ª ed., 1977.

MILLS, J.N. "Levamisole as a microfilaricidal agent in the control of canine dirofilariasis". *Australian Veterinary Journal*, vol. 51, 1975.

NUNES, C.M. "Epidemiologia e controle da toxocaríase". *Revista Cães & Gatos*, nº 57, ano 10, 1995.

ORTOLANI, E.L. "Efeito de vários anti-helmínticos avermectínicos sobre o parasitismo experimental de cordeiros parasitados com *Haemonchus contortus*". *A Hora Veterinária*, Ano 15, nº 88, 1995.

PADILHA, T. "Estratégia para o controle da verminose gastrintestinal de bovinos de leite na Região Sudeste do Brasil". 1º Simpósio sobre controle de parasitos, Cati, Campinas. 29 e 30 de agosto de 1996.

PINHEIRO, A.C. "Programa integrado de controle de verminose de bovinos de corte". 2ª ed. Embrapa-UEPAE Bagé. 4p (Pesquisa em andamento), 1983.

PINHEIRO, A.C. & BRANCO, F.P.J.A. & MACEDO, J.B.R.R. "Hipobiose de *Ostertagia ostertagi* em bovinos na região de Bagé, RS". Embrapa-UEPAE Bagé, 4 p. (Pesquisa em andamento, 4), 1983.

PRICHARD, R.K. "Interaction of host physiology and efficacy of antiparasitic drugs". *Veterinary Parasitology*, 18: 103-110, 1985.

RAMOS, J.V. et al. "Estudo comparativo da eficiência do fenbendazole e do mebendazole no controle de estrongilídeos de eqüinos". *Revista Faculdade Veterinária Zootécnica da Universidade de São Paulo*, 20(1):43-52, 1983.

ROBERSON, E.L. & BURKE, T. M. "Evaluation of granulated fenbendazole (22,2%) against induced and naturally occurring helminth infections in cat". *American Journal Veterinary Research*, 4, (9), 1980.

ROBERSON, E.L. & BURKE, T. M. "Evaluation of granulated

fenbendazole as a treatment for helminth infections in dog". *JAVMA*, 180, (1), 1982.

SANTURIO, J.M. & MOREIRA, W.S. & SANTOS, A.F. & FLÔRES, M.L. "O uso do praziquantel injetável no tratamento do Echinococcus granulosus em cães". *A Hora Veterinária*, Ano 7, nº 42, 1988.

SCHRÖEDER, J. "Criteria for deworming beef cattle under ranch conditions". *Journal of the South African Veterinary Association*, 52(4):301-308, 1981.

SCHRÖEDER, J. & SWAN, G.E. "Epizootiological and economical considerations in the anthelmintic treatment of cattle". *Rhodesian Veterinary Journal*, 10: 11-16, 1979.

SOULSBY, E.J.L. "The immune system and helminth infection in domestic species". *Advances in Veterinary Science and Comparative Medicine*, vol. 23, 1979.

THEODORIDES, V.J. et al. "Efficacy of oxibendazole against gastrintestinal nematodes of cattle". *American Journal Veterinary Research*, 37, (10), 1976.

THIENPONT, D. et al. "The anthelmintic activity of tetramisole in the dog". *The Veterinary Record*, 83: 369-372, 1968.

VIEIRA BRESSAN, M.C.R. & KOHEK Jr., I. "Eficácia anti-helmíntica do ciclamato de tetramisol na ração de um dia em suínos naturalmente infestados". *A Hora Veterinária*. Ano 6, nº 35, 1987.

VIEIRA BRESSAN, M.C.R. & SATO, M.O. & KOHEK Jr., I. "Eficácia de ivermectina injetável contra nematódeos gastrintestinais de suínos naturalmente infectados". *Revista Brasileira de Parasitologia Veterinária* (submetido à publicação).

Máquinas para a pecuária
Gastão Moraes da Silveira

No Brasil, é rara a presença de livros que tratem de maquinário agrícola. Este livro, que enfoca especificamente maquinário para a pecuária, é totalmente pioneiro.

Aqui são descritos e analisados todos os tipos de máquinas utilizadas na criação de animais, desde as usadas na plantação dos alimentos para o gado, passando pelos equipamentos para isolá-lo, até as ordenhadeiras.

Veja o que o autor examina, tendo como apoio vinte desenhos de equipamentos devidamente explicados:
• máquinas para o plantio de pastagens (semeadoras, plantadoras de capins, equipamentos de hidrossemeadura);
• máquinas para a adubação de pastagens (distribuição de esterco sólido e líquido);
• máquinas para tratamento fitossanitário em pastagens;
• roçadouras;
• perfuradores de solo;
• cerca elétrica;
• máquinas para a alimentação (debulhadoras, trilhadoras, misturadoras, equipamentos de ensilagem, colhedora de forragens, etc.);
• tipos de motores;
• máquinas para a fenação;
• ordenhadeiras.

Bovinos — Volumosos suplementares
Luiz Carlos Tayarol Martins

De outubro a abril, registra-se uma alta produção de forragem no Brasil, que decresce significativamente no período seco (de maio a setembro) com o conseqüente déficit qualitativo e quantitativo da produção de alimentos para o gado bovino. Essa irregularidade reflete-se no crescimento e na reprodução dos animais, prejuízos esses muitas vezes acentuados pelo grande número de mortes. O objetivo deste livro é examinar as potencialidades dos principais volumosos que podem ser utilizados no Brasil, para que a alimentação do gado bovino transcorra com uniformidade. Desta maneira, será possível manter bons níveis de produtividade em termos de leite e carne.